Yangqi Dongshihui Shidian Yu
Shangshigongsi Xianjin Chiyou

Jiyu PSM-DID Fangfa De Yanjiu

央企董事会试点与上市公司现金持有

基于PSM-DID方法的研究

钱怀安 著

东北财经大学出版社
Dongbei University of Finance & Economics Press
大连

图书在版编目（CIP）数据

央企董事会试点与上市公司现金持有：基于PSM-DID方法的研究 / 钱怀安著.
—大连：东北财经大学出版社，2025.1. —ISBN 978-7-5654-5565-0

Ⅰ. F279.241

中国国家版本馆CIP数据核字第2025XW5380号

东北财经大学出版社出版发行

大连市黑石礁尖山街217号　邮政编码　116025

网　　址：http://www.dufep.cn

读者信箱：dufep@dufe.edu.cn

大连永盛印业有限公司印刷

幅面尺寸：170mm×240mm　　字数：158千字　印张：13.5

2025年1月第1版　　2025年1月第1次印刷

责任编辑：王天华　孟　鑫　等　　责任校对：一　心

封面设计：原　皓　　版式设计：原　皓

定价：69.00元

教学支持　售后服务　　联系电话：（0411）84710309

如有印装质量问题，请联系营销部：（0411）84710711

前言

现金作为企业重要的流动资产，对企业的日常经营和长期发展具有至关重要的作用。近年来，“现金为王”的理念逐渐在国内外企业中广泛传播，高额现金持有已然成为普遍现象。根据优序融资理论，企业持有充足的现金可以迅速为投资提供资金支持，无须依赖高成本的外部融资，从而降低流动性短缺的边际成本。然而，现金的流动性和易获得性也容易引发代理问题——管理层可能因自利行为随意使用或侵占企业现金，导致股东与管理层之间的矛盾加剧。在我国企业现金持有水平较高、内外部治理能力相对较弱的背景下，这一问题尤为突出。

国有企业作为中国经济的重要组成部分，其现金管理行为具有独特性和复杂性。相比非国有企业，国有企业通常倾向于持有更多的现金，但这些现金的市场价值却相对较低。为解决“所有者缺位”“内部人控制”等问题，近年来国务院国有资产监督管理委员会在公司治理方面推行了一系列改革，其中以央企董事会试点改革为代表的制度创新具有标志性意义。这一改革旨在通过完善法人治理结构，规范出资人权利的行使，加强对控股上市公司的运营监督，缓解代理冲突，最终提升国有企业的治理水平和经营效率。

本书以央企董事会试点改革为研究背景，聚焦其对国有企业现金持有行为的影响及其经济后果，深入分析该改革如何通过改善公司治理结构和优化现金管理机制，为企业创造更高价值。本书共分为7章，具体结构安排如下：

第1章是绪论。主要介绍了本书的研究背景与研究意义、研究目标与研究思路、研究内容与研究方法及本书的主要创新之处。

第2章是文献综述。本章主要从董事会治理和企业现金持有的影响因素角度对国内外相关文献进行梳理总结。通过对现有文献的凝练、评述，本章旨在发现现有文献可能存在的不足之处，对已有研究进行尽可能的拓展和延伸，为后续研究提供更深入的基础，进一步整理出本书的研究内容。

第3章是制度背景与理论基础。本章首先介绍了本书的重要研究场景——央企董事会试点改革的实施过程，深入了解我国央企董事会试点改革的背景、启动时间及关键特征，对进一步研究改革具有重要意义。其次，从公司治理理论、委托代理理论及政府干预理论等多个视角出发，分析了央企董事会试点改革影响企业现金持有的理论逻辑。

第4章是央企董事会试点改革对上市公司现金持有的影响。本章以央企董事会试点改革作为准自然实验，以国有上市公司作为初始样本，应用倾向得分匹配与双重差分方法，研究央企董事会试点改革对企业现金持有的影响，并进一步考察试点改革力度对企业现金持有的影响及央企董事会试点改革对企业现金配置策略的影响。

第5章是央企董事会试点改革对上市公司现金持有影响的异质性分析。央企董事会试点改革对企业现金持有的实施效果可能会因为企业面临的融资约束环境、企业的风险承担水平及控股股东持股比例的不同而表现出差异性，为此，本章分别基于企业面临的融资约束环境、企业的风险承担水平及控股股东持股比例三个方面深入分析央企董事会改革对企业现金持有的异质性影响效果。

第6章是央企董事会试点改革影响企业现金持有水平及其经济后果。本章从企业价值提升视角，考察央企董事会试点改革对企业现金持有所带来的经济后果，深入探讨在降低企业过度持有现金的同时，是否能够通过更高效的现金配置促进企业价值提升，从而为国有企业高质量发展提供理论依据和实践参考。

第7章是研究结论、政策建议与不足之处。本章基于理论分析与实证检验结果，对本书的主要研究结论进行了全面归纳和总结。在此基础上，从政府层面和国有企业层面分别提出了针对性的政策建议，以期为相关政策制定和企业实践提供指导。本章结合研究过程中的发现与限制，客观阐述了本书当前的研究局限与不足，并对未来可能的研究方向进行了展望，为进一步深入探讨提供了有价值的思路。

本书由江苏财经职业技术学院钱怀安主撰，是2023年江苏省高校哲学社会科学研究一般项目“高质量发展下国有资本参股对民营企业风险的治理效应研究”（2023SJYB1945）的阶段性成果，并且得到江苏省“青蓝工程”优秀青年骨干教师项目（苏教师函〔2024〕2号）的资助。

本书还存在许多不足之处，欢迎广大读者批评指正。

钱怀安

2024年12月

目录

1

绪论

1.1 研究背景与研究意义

1.1.1 研究背景

现金作为企业重要的流动资产，是企业日常经营和持续发展的核心保障，能够为企业提供必要的资金支持以应对不确定性，并为企业的持续增长和战略性投资提供保障。近年来，深谙“现金为王”的国内外企业的现金持有都大幅提升，高额持现已然成为普遍现象（Huang et al.，2013；汪琼等，2020）。尤其是在全球经济不确定性增加的背景下，企业倾向于通过增加现金储备来应对潜在的市场波动和融资环境的变化。依据Myers和Majluf（1984）的优序融资理论，现金作为企业内部重要的资金来源，能够在外部融资环境不确定性较高时，为企业快速把握投资机会提供支持。相较于依赖高成本的外部融资，现金储备的存在能够有效降低企业因流动性短缺而丧失关键投资机会的风险，从而减少流动性约束带来的边际成本。从这一视角来看，适度的高额持现具有一定的积极意义，不仅能够增强企业的财务灵活性，还可以为企业的发展战略提供保障。然而，现金的高流动性和可获得性也使其容易被代理人滥用，诱发管理层的自利行为，进一步激化股东与管理层之间的代理冲突（Jensen，1986）。在企业治理机制不完善的情况下，高额现金持有可能被管理层用于非生产性用途，如不必要的扩张或个人利益驱动的投资项目，导致资源的低效配置。在我国企业普遍现金持有水平较高且公司治理机制尚不完善的背景下，这种代理问题尤为严重。由于“内部人控制”现象的存在，企业管理层往往拥有较大的自主权，而外部监督的缺失可能导致现金资源的滥用或积累，最终对企业的价值产生负面影响。

此外，现金持有水平与持有价值之间并不是一一对应的关系（杨兴全和尹兴强，2018），尤其是在国有企业中，尽管相比于非国有企业，其现金持有水平普遍较高，但国有企业的现金持有市场价值却往往低于账面价值（杨兴全和张照南，2008）。这一现象揭示了现金储备的价值不仅与其数量有关，还受到企业治理结构、管理层行为及外部环境等多重因素的影响。已有研究表明，公司治理与企业现金持有水平及其市场价值密切相关。良好的公司治理能够有效缓解代理问题，促进管理层与股东利益的对齐，从而影响企业的现金管理和使用。然而，由于企业公司治理结构的内生性问题，目前关于公司治理与企业现金持有之间关系的研究结论并不一致（Harford et al.，2008）。具体来说，公司治理对现金持有的影响存在两种不同的理论视角，一方面是基于柔性假说，另一方面则是基于耗散假说。根据柔性假说，管理层的自利行为可能促使其积累现金储备，以增强自身的自由裁量权并降低企业风险（Jensen，1986）。在这一理论框架下，当企业的公司治理结构较为薄弱时，管理层更倾向于增加现金持有，以便应对外部环境的不确定性，并为自身决策提供更大的灵活性。这种现金的积累可以减少企业依赖外部融资的需求，进而降低融资成本，但也可能被管理层用于个人目的而非增值投资。此时，现金持有虽能带来短期的财务安全，但其长期的经济后果可能对企业的市场价值产生不利影响，尤其是在治理机制不完善的企业中。根据耗散假说，自利的高管往往倾向于将企业的现金储备用于扩张或进行其他资源消耗型的投资，而非用来提高企业长期盈利能力或市场竞争力（Jensen and Meckling，1976）。在这一观点下，当公司治理结构较弱时，管理层更可能将现金用于非核心业务的扩张或个人利益驱动的项目，这种做法可能快速消耗企业的现金储备，导致企业现金持有水平下降。在这种情况下，尽管现金持有水平较高，但由于管理层的不当使用，企业的现金储备未能有效转化为市场价值，甚至可能因此面临市场的负面评价。

国有企业是中国经济的重要组成部分，其在过去几十年中的发展为中国经济的快速增长和成功奠定了坚实基础。尤其在中国改革开放后的经济转型过程中，国有企业承担了国家战略实施、重要行业布局和基础设施建设等关键职能。然而，尽管国有企业在推动国家经济发展方面发挥了不可替代的作用，但由于其“所有者缺位”和“内部人控制”等问题，国有企业的效率和竞争力一直备受争议。为了提高国有企业的治理水平和经济效益，推动其更好地适应市场化、法治化、国际化的竞争环境，国家相关部门对国有企业进行了多次改革。特别是自2003年国务院国有资产监督管理委员会（以下简称国资委）成立以来，国资委针对国有企业的治理结构和运营模式实施了一系列改革措施。其中，以市场化导向为指导的公司治理改革，特别是央企董事会试点改革，成为了国有企业改革中的一个重要突破。2004年，国资委决定选择部分中央企业建立和完善董事会试点工作，目标是通过引入现代企业制度，规范央企法人治理结构，提高董事会的决策和监督能力，推动企业的市场化转型。央企董事会试点改革的核心在于构建更加规范的董事会机制，完善出资人权利的行使，从而确保企业的股东和管理层之间能够实现更好的利益对接和信息流动。通过设立独立董事、加强董事会的决策职能以及实施股东代表监督等措施，改革旨在提高企业管理层的透明度和责任感，减少代理问题，改善管理决策的科学性和效率。已有研究提供了央企董事会改革对企业治理改善的正面影响的经验证据。例如，李文贵等（2017）、嵇尚洲（2018）、白俊等（2019）、黄华等（2020）的研究均表明，央企董事会试点改革在一定程度上改善了央企的治理结构，尤其是在规范股东权利行使、增强内部监督、缓解股东与管理层之间的代理冲突等方面起到了积极作用。这些研究为央企董事会改革提供了理论依据，并证实了其对提升国有上市公司治理能力的良性作用。然而，尽管董事会改革能够改善国有企业的治理结构，但关于公司治理与企业现金持有之间的关系，现有研究尚未给出明确的结论。已有文献表明，公司治理结构的优化可能对现金持有产生正面或负面的影响（Harford et al., 2008）。一方面，治理结构的改善可能通过增强管理层的责任感和透明度，减少代理问题，从而使企业现金储备得到更有效的管理和利用；另一方面，治理结构的变化可能导致管理层在短期内采取激进的扩张策略或投资决策，进而消耗现金储备，影响企业的长期现金持有水平。央企董事会试点改革这一准自然实验为研究公司治理与企业现金持有关系提供了理想平台。

基于以上分析，本书拟基于央企董事会试点改革这一外部政策冲击，结合理论分析和实证检验，深入探讨央企董事会试点改革对央企控股上市公司现金持有水平的影响。首先，考察央企董事会试点改革能否对其控股上市公司的现金持有水平造成影响，并进一步探讨央企董事会试点改革力度对企业现金持有水平的影响，同时拓展分析企业现金持有的配置策略。其次，分析探讨央企董事会试点改革与企业现金持有之间的关系是否会因企业面临的融资约束环境、企业的风险承担水平以及控股股东持股比例的不同而表现出差异。最后，从企业价值视角考察央企董事会试点改革影响企业现金持有水平的经济后果。

1.1.2　研究意义

（1）理论意义

第一，丰富公司治理与企业财务行为的理论研究。本书基于央企董事会试点改革这一外部政策冲击，探讨公司治理与企业现金持有水平之间的关系，拓展了关于治理机制如何影响企业财务行为的研究。尽管已有文献表明公司治理对现金持有存在影响，但公司治理结构与企业现金持有之间呈现或正或负的关系，同时关于控股股东董事会如何影响下属上市公司的现金管理行为的研究较少。本书从央企董事会试点改革的视角，系统分析了公司治理改善对现金持有及其配置效率的具体影响，丰富和拓展了公司治理与企业财务行为的理论研究。

第二，本书深入分析了融资约束环境、风险承担水平以及控股股东持股比例等因素对央企董事会试点改革与企业现金持有关系的调节作用。通过识别不同情境下改革效果的异质性，本书进一步揭示了企业内外部环境与治理机制之间的协同作用。这不仅深化了对企业治理在特定环境下运行机制理论的理解，也为探索公司治理如何通过调节性机制影响企业财务决策提供了重要的经验证据。

第三，本书从企业价值的视角出发，系统考察了公司治理改善对企业现金持有水平的经济后果，深入揭示了企业现金持有配置效率对企业长期发展和市场价值的影响路径，进一步阐明了现金管理与企业价值之间的内在联系，为理解现金管理如何影响企业价值提供了理论支持。

（2）现实意义

第一，为国企管理层优化资金配置策略提供实践指导。研究表明，央企董事会试点改革不仅显著减少了企业过度持有现金的现象，还通过更高效的资金配置提升了企业的创新能力和股东回报。这一发现为国企管理层提供了重要的实践启示，即通过科学的现金管理策略，推动企业实现资源的高效配置。具体而言，国企管理层可以将多余的现金投入到研发和资本性支出等高回报领域，以增强企业的核心竞争力。国有企业通过优化资金使用效率，还能够有效避免因现金囤积带来的资源浪费问题，进一步提升企业的市场价值与社会影响力。

第二，本书通过分析央企董事会试点改革对企业现金持有水平和经济后果的影响，揭示了改善公司治理可以提升国有企业资金使用效率、减少资源浪费，为政策制定者优化国企治理结构、完善国企改革政策提供了理论支持。本书强调通过公司治理机制优化现金持有行为的重要性，为国有企业在市场化改革背景下提升资源配置效率和市场竞争力提供了有益借鉴。通过改革强化治理能力，不仅能够实现企业内部资源的高效利用，还能为国有企业参与全球竞争奠定坚实基础。尤其是针对控股股东董事会的治理效能，本书的研究结论可为未来制定相关改革措施提供一定的经验证据。

1.2 研究目标与研究思路

1.2.1 研究目标

本书基于委托代理理论、公司治理理论、融资有序理论等基础理论，理论分析并实证考察央企董事会试点改革的有效性，探讨央企董事会试点改革对企业现金持有水平的影响，分析央企董事会试点改革与企业现金持有之间的异质性关系以及央企董事会试点改革影响企业现金持有的经济后果。具体地，本书有如下四个研究目标：

第一，结合委托代理理论、公司治理理论、融资优序理论等基础理论，以2003—2018年沪深A股上市国有企业作为初始样本，采用倾向得分匹配和双重差分方法，考察分析央企董事会试点改革会对企业现金持有造成怎样的影响。同时，进一步探讨央企董事会试点改革力度对企业现金持有水平的影响，并且拓展分析企业现金持有的配置策略。

第二，考察央企董事会试点改革对企业现金持有水平的异质性影响。央企董事会试点改革对企业现金持有水平的影响可能会由于企业内外部特征的不同而表现出一定的差异性。为此，本书分别从企业面临的融资约束环境、企业的风险承担水平和控股股东持股比例三个视角，探讨央企董事会试点改革对企业现金持有水平的异质性影响。

第三，考察央企董事会试点改革影响企业现金持有的经济后果。从企业价值视角出发探究央企董事会试点改革降低企业现金持有的同时能否做大做强国有企业。

第四，基于理论分析与实证检验结果，本书分别从政府和国有企业角度为进一步优化董事会改革提出相应的政策建议。

1.2.2 研究思路

本书基于央企董事会试点改革这一外生事件，在梳理和总结现有的董事会和企业现金持有的相关文献的基础上，结合董事会治理的相关理论（委托代理理论、公司治理理论和政府干预理论等）和企业现金持有的相关理论（融资优序理论、权衡理论和资源依赖理论等），确定选题为央企董事会试点改革能够对企业现金持有的影响研究。首先，应用实证方法检验央企董事会试点改革对企业现金持有的影响，并进一步考察央企董事会试点改革力度对企业现金持有的影响以及企业现金配置策略。其次，基于企业面临的融资约束环境、企业的风险承担水平和控股股东持股比例视角，分析考察央企董事会试点改革对企业现金持有的异质性影响。最后，从企业价值提升角度考察央企董事会试点改革对企业现金持有影响的经济后果。本书的研究思路如图 1-1 所示。

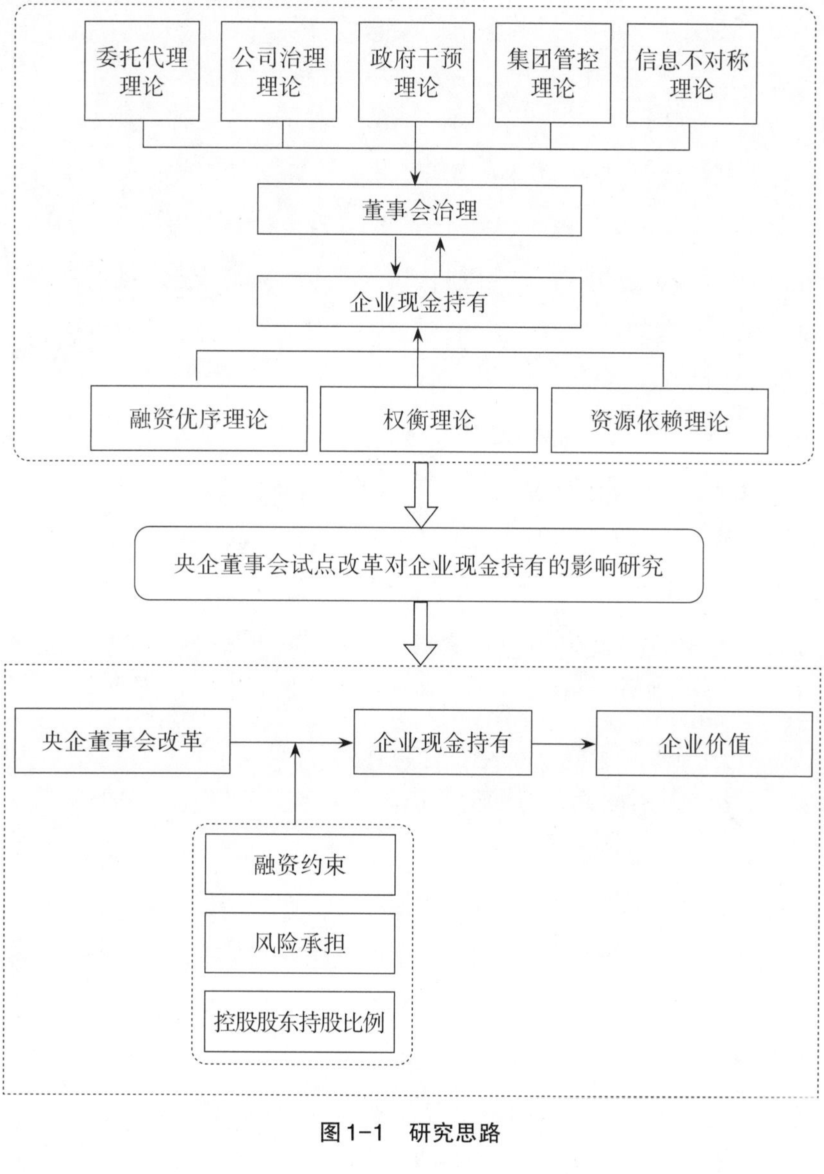

图 1-1 研究思路

1.3 研究内容与研究方法

1.3.1 研究内容

本书在梳理和总结现有的董事会和企业现金持有的相关文献的基础上，结合董事会治理的相关理论和企业现金持有的相关理论，基于央企董事会试点改革这一外生事件，研究考察央企董事会试点改革对企业现金持有的影响，并深入分析二者之间的异质性影响和经济后果。本书的具体研究章节安排如下：

第1章是绪论。主要介绍了本书的研究背景与研究意义、研究目标与研究思路、研究内容与研究方法及本书的主要创新之处。

第2章是文献综述。本书主要从董事会治理和企业现金持有的影响因素角度对国内外相关文献进行梳理总结。通过对现有文献的凝练、评述，本书旨在发现现有文献可能存在的不足之处，对已有研究进行尽可能的拓展和延伸，为后续研究提供更深入的基础，进一步整理出本书的研究内容。

第3章是制度背景与理论基础。本章首先介绍了本书的重要研究场景——央企董事会试点改革的实施过程。深入了解我国央企董事会试点改革的背景、启动时间及关键特征，对进一步研究改革具有重要意义。其次，从公司治理理论、委托代理理论和政府干预理论等多个视角出发，分析了央企董事会试点改革的理论逻辑。结合现金管理相关理论（如优序融资理论和权衡理论），进一步探讨如何通过优化企业的决策和资源配置能力影响现金持有水平。将上述理论与本书的研究相结合，系统梳理了央企董事会试点改革对控股上市公司现金持有水平的影响逻辑，为后续实证分析奠定了坚实的理论基础。

第4章是央企董事会试点改革对上市公司现金持有的影响。本书以央企董事会试点改革作为准自然实验，以国有上市公司作为初始样本，应用倾向得分匹配与双重差分方法，研究央企董事会试点改革对企业现金持有的影响，并进一步考察试点改革力度对企业现金持有的影响及央企董事会试点改革对企业现金配置策略的影响。

第5章是央企董事会试点改革对上市公司现金持有影响的异质性分析。央企董事会试点改革对企业现金持有的实施效果可能会因为企业面临的融资约束环境、企业的风险承担水平及控股股东持股比例的不同而表现出差异性，为此，本书分别基于企业面临的融资约束环境、企业的风险承担水平及控股股东持股比例三个方面深入分析央企董事会改革对企业现金持有的异质性影响效果。

第6章是央企董事会试点改革、企业现金持有水平及其经济后果。本章从企业价值提升视角，考察央企董事会试点改革对企业现金持有所带来的经济后果，深入探讨在降低企业过度持有现金的同时，是否能够通过更高效的现金配置促进企业价值提升，从而为国有企业高质量发展提供理论依据和实践参考。

第7章是研究结论、政策建议与不足之处。本章基于理论分析与实证检验结果，对本书的主要研究结论进行了全面归纳和总结。在此基础上，从政府层面和国有企业层面分别提出了针对性的政策建议，以期为相关政策制定和企业实践提供指导。结合研究过程中的发现与限制，客观阐述了本书当前的研究局限与不足，并对未来可能的研究方向进行了展望，为进一步深入探讨提供了有价值的思路。

具体的研究技术路线如图1-2所示。

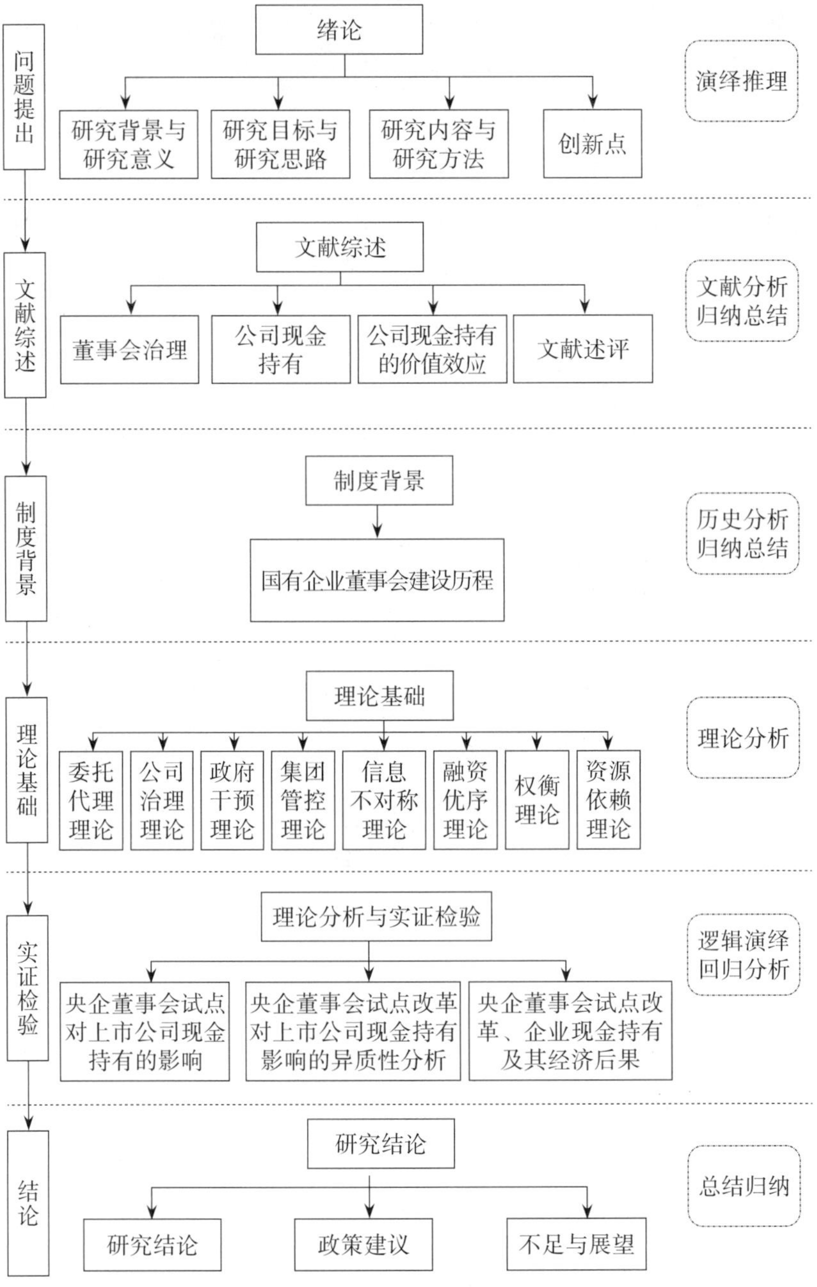
问题提出
绪论
研究背景与研究意义
研究目标与研究思路
研究内容与研究方法
创新点
演绎推理
文献综述
文献综述
董事会治理
公司现金持有
公司现金持有的价值效应
文献述评
文献分析归纳总结
制度背景
制度背景
国有企业董事会建设历程
历史分析归纳总结
理论基础
理论基础
委托代理理论
公司治理理论
政府干预理论
集团管控理论
信息不对称理论
融资优序理论
权衡理论
资源依赖理论
理论分析
实证检验
理论分析与实证检验
央企董事会试点对上市公司现金持有的影响
央企董事会试点改革对上市公司现金持有影响的异质性分析
央企董事会试点改革、企业现金持有及其经济后果
逻辑演绎回归分析
结论
研究结论
研究结论
政策建议
不足与展望
总结归纳

图1-2　技术路线

1.3.2 研究方法

本书采用规范研究方法与实证研究方法相结合的方式，基于委托代理理论、公司治理理论、融资优序理论等经典理论框架，系统分析了央企董事会试点改革对企业现金持有的影响效应、异质性影响及其经济后果。在理论分析央企董事会试点改革如何通过完善治理结构、优化资源配置影响企业现金持有水平的基础上，采用实证研究方法，对央企董事会试点改革与央企控股上市公司现金持有水平之间的关系进行了深入检验。同时，进一步实证分析了如何通过融资约束、风险承担水平和控股股东持股比例等调节改革效果，并探讨了改革对企业现金持有影响的经济后果。此外，基于研究提出针对性的政策建议，为政府深化改革和国有企业优化现金管理提供理论支持和实践参考。

（1）规范研究方法

第一，基于文献分析法，本书通过广泛利用国内外文献数据库，系统搜集并深入阅读与央企董事会试点改革和企业现金持有相关的文献。在全面回顾相关理论和已有研究成果的基础上，明确研究选题和视角。通过总结现有研究思路，梳理研究框架，结合央企董事会试点改革的制度背景和实际治理实践，逐步构建本书的研究内容。第二，基于归纳演绎法，通过理论推导和经验总结的方法，系统分析央企董事会试点改革对企业现金持有水平的影响效果。进一步围绕融资约束、风险承担水平和控股股东持股比例等影响因素，开展异质性分析，并提出相应的研究假设。同时，结合实证方法检验改革对企业现金持有影响的经济后果，为政策制定和企业管理提供理论支持和实证依据。

（2）实证研究方法

结合本书的研究主题并借鉴相关文献，本书构建了与央企董事会试点改革及其对企业现金持有影响相关的实证研究模型，并利用手工整理的央企董事会试点改革数据和CSMAR数据库相关数据，确定国有企业作为研究的初始样本，应用Stata17.0完成样本的筛选及后续实证检验工作。

央企董事会试点改革作为国资委推动的一项重要治理政策，为研究公司治理改革与企业财务决策之间的因果关系提供了一个天然的实验场景。为了准确评估央企董事会试点改革的影响，且考虑到央企董事会试点改革是国资委逐步推进的，所以选择试点名单过程中可能存在“靓女先嫁”的问题，本书采用了倾向得分匹配与双重差分方法，将参与试点改革的企业作为处理组，并为其匹配对照组，二者之间的差异定义为“处理效应”。双重差分法（DID）是评估政策处理效应的经典计量方法，通过比较处理组和控制组在改革前后的差异，能够有效消除时间和组间的固定因素对研究结果的干扰。央企董事会试点改革于2004年启动并逐步推广，由于改革实施的时间和范围具有明显的渐进性，本书利用控制企业和年度固定效应的多期双重差分模型对试点改革的实施效果进行检验。这一方法不仅能够缓解研究中的内生性问题，还可以更精确地识别出央企董事会试点改革对企业现金持有水平及其配置效率的因果影响。此外，为确保研究结论的稳健性，在稳健性检验中，本书还采用了平行趋势检验、安慰剂检验、替换关键变量的衡量指标等手段，以确保研究结果的科学性和可靠性。

1.4 创新点

本书的创新点主要体现在以下几个方面：

第一，丰富控股股东董事会对下属上市公司治理研究的视角。现有研究多集中于上市公司董事会对其本身治理作用的探讨，而对于控股股东董事会对下属上市公司治理的影响研究却相对较少。特别是在国有企业背景下，控股股东董事会作为治理链条中的关键一环，其作用可能因代理关系的复杂性而显得尤为重要。本书以央企董事会试点改革为研究对象，系统分析了这一改革如何通过强化控股股东董事会的监督与决策职能，改善下属上市公司的治理效率。具体而言，本书重点探讨了改革是否以及如何通过规范化的董事会治理结构，影响下属上市公司的现金持有行为，为控股股东治理效应研究开辟了新视角。此外，本书的研究结论也为进一步理解控股股东董事会在企业整体治理体系中的重要性提供了理论和实证支持。

第二，深化对央企董事会改革治理效应的理解。虽然近年来关于央企董事会改革成效的研究逐渐增多，但对其具体治理效应仍存在一定争议。一方面，有观点认为改革过程中职工董事和外部董事的实际权责未能完全落实，影响了改革效果；另一方面，已有部分实证研究发现，央企董事会改革在强化公司治理能力方面取得了一定成效。本书基于数据样本分析了董事会改革在缓解代理问题、优化资金管理、提升决策效率等方面的实际作用。特别是本书从治理链条延伸的视角出发，考察央企董事会改革如何通过影响控股股东的行为约束力，改善下属上市公司高管的现金管理决策，试图为改革的治理效应提供更加丰富的经验证据和更深刻的理论阐释。

第三，探讨公司治理与企业现金持有的复杂关系及其因果效应。公司治理对企业现金持有的影响长期以来存在正负不一的研究结论，且现金持有水平与市场价值之间的关联并非线性清晰，形成了所谓的“现金持有之谜”。本书以央企董事会试点改革这一外生政策冲击为研究背景，通过倾向得分匹配（PSM）和双重差分相结合的实证分析框架，从因果效应的视角探讨如何通过治理改善来影响企业现金持有水平及其配置效率。这一研究设计在一定程度上缓解了内生性问题，为揭示公司治理与企业行为之间的内在机制提供了新的思路。

第四，本书从经济后果视角探讨现金管理与企业价值的联系。本书不仅关注央企董事会改革对企业现金持有水平的直接影响，还从经济后果的角度深入分析了改革对企业长期发展和市场价值的潜在影响。通过实证检验，本书揭示了如何通过优化企业现金配置效率，推动资源从低效储备向高效用途流动，进而提升企业价值。例如，本书发现，改革促使下属上市公司将多余现金更多地投入研发创新和资本性支出领域，从而提升企业的市场竞争力和技术创新能力；同时，改革还引导企业通过提高股东分红回报等方式增强资本市场信心。这一研究不仅深化了对企业现金管理与价值创造关系的理解，还为如何通过治理优化实现企业价值最大化提供了理论支持和实证依据。

2

文献综述

2.1 董事会治理的相关研究

2.1.1 董事会职能的相关研究

第一种关于董事会职能的理论观点是委托代理理论，它认为，董事会是公司治理的重要防线，其监督和控制职能为解决股东与管理层之间的利益冲突提供了有效的工具（Jensen and Meckling，1976；Fama and Jensen，1983）。一些研究成果认为，董事会能够在缓解第一类代理问题中发挥重要作用。一方面，通过参与管理层的聘用过程，董事会可以确保选拔具备专业能力且认同股东利益最大化目标的管理人员（Boone et al.，2007）。通过科学的甄选机制，减少管理层在道德风险和逆向选择方面的可能性，从根源上缓解代理问题。另一方面，董事会还通过制定合理的激励机制，将管理层的利益与公司的长期绩效挂钩（郑志刚和吕秀华，2009）。Adams 和 Mehran（2008）的研究为完善董事会在高管治理中的功能提供了理论支持。他们指出，监督管理层的行为是董事会的首要职责。此外，确定管理层需要具备的内在能力是董事会考核的重要组成部分。有效结合这两项职能，不仅能够增强董事会在企业治理中的作用，还能通过优化高管团队的能力结构，提升企业在动态竞争环境中的适应性和竞争力。

独立董事在防范内部人控制方面，尤其是在监督管理层决策、制定公司战略、批准重大投资决策及评估管理层绩效等方面发挥了至关重要的作用（Linck et al.，200）。独立董事的独立性和专业性使其能够对管理层的行为进行有效制衡，避免了管理层可能出现的利益输送和权力滥用问题。

国内一些研究进一步探讨了董事会成员在解决大股东与中小股东

之间第二类代理问题中的作用。叶康涛等（2011）指出，当大股东提出不利于中小股东的方案时，董事会成员可以通过审慎的审议程序提出反对意见，从而保护中小股东的权益。郑国坚等（2016）、胡诗阳和陆正飞（2015）以及祝继高等（2015）的研究也发现，小股东和非控股股东通过委派董事进入董事会，有助于加强对大股东行为的制约，以确保决策过程公正透明，避免大股东通过控制权行使对公司资源的不当占有。

第二种关于董事会职能的理论观点基于资源依赖理论，该理论认为，董事会的主要职能是为公司获取关键资源，并为管理层提供战略性咨询和建议。资源依赖理论由 Pfeffer 和 Salancik（1978）提出，强调企业与外部环境之间的依赖关系，特别是对重要资源（如资金、技术、市场信息等）的获取和利用。董事会成员的外部社会关系对公司的资源获取具有积极的影响，尤其是在资金筹集、市场拓展和技术创新等方面（Zahra and Pearce，1989）。因此，董事会在这一过程中起到了连接公司与外部世界的桥梁作用。除了资源的获取，董事会在公司战略制定和执行过程中，还扮演着重要的咨询和建议角色。资源依赖理论认为，董事会成员不仅是资源的提供者，还是管理层的战略顾问（Hillman and Dalziel，2003）。资源依赖理论还强调，董事会的多元化结构能够增强其获取资源的能力。董事会的多元化结构能够增强公司在资本市场的表现，提高公司治理的透明度和效率，从而提升公司的资源获取能力（Carter et al.，2003）。在外部资源的获取过程中，董事会还承担着公司与外部环境协调的职能。董事会通过积极的外部关系管理，有助于公司在竞争中保持优势，并在不确定的市场环境中找到新的发展机会（Pfeffer and Salancik，1978）。

第三种关于董事会职能的理论观点认为，董事会不仅在公司治理结构中扮演监督角色，还应积极参与公司战略的制定和执行，为公司提供战略框架和指导方针。董事会通常会参与到企业的长期发展战略制定过程中，帮助公司明确发展方向，设定战略目标（Adams and Feixeira，2007）。Pearce 和 Zahra（1992）发现，董事会的战略参与可以帮助公司实现长期价值的增长。Goodstein 等（1994）也指出，董事会在战略决策中的作用非常重要，尤其是在公司面临市场变化或竞争压力时，董事会的决策能力直接影响公司是否能够应对外部挑战并把握发展机会。

2.1.2 董事会有效性的相关研究

现有文献普遍认为，董事会的结构设计是影响其有效性的重要因素。

（1）董事会规模

现有关于董事会规模对治理的有效性影响的文献很多，但仍未得到一致结论。董事会规模是影响其决策效率和治理能力的关键因素之一，不同的规模对董事会的功能和有效性有显著的影响。在理论与实践中，董事会的规模设计需要在效率与多样性之间取得平衡，以满足公司的治理需求和战略目标。小规模董事会因其较少的成员数量，通常具备更高的决策效率和协调性。成员之间的沟通更为顺畅，意见整合速度更快，从而能够在时间紧迫或情况复杂时快速达成共识（Jensen，1993）。相比之下，大规模董事会则因成员数量较多，能够汇聚更多的知识和专业背景，从而为企业的决策提供更丰富的视角（Coles et al.，2008）。在多样化的成员组成下，董事会能够更全面地考虑问题，特别是在制定战略规划或评估复杂项目时具有优势。

董事会规模的一个重要功能是代表组织从外部环境中获取资源的能力，这一观点得到了 Sandersa 和 Carpenter（1998）的支持。他们的研究表明，较大的董事会规模能够提升企业获取外部资源的能力，从而促进企业效率的提高。Lehn 等（2009）的研究发现，董事会规模与公司业绩呈正相关关系。Boone 等（2007）的理论模型进一步深化了对董事会规模的理解，他们提出，企业的资产配置、复杂程度以及治理需求共同决定了董事会的合理规模。董事会规模对公司治理和战略决策具有重要影响，还能显著提高会计信息透明度，降低盈余管理程度与财务舞弊（李延喜等，2007；崔伟和陆正飞，2008；姚宏等，2018；杨清香等，2009）。

然而，大规模董事会的劣势也较为明显。首先，大规模董事会容易形成合谋现象，不同的小团体可能基于自身利益形成联盟，从而影响决策的公正性和科学性（Cheng，2008）。其次，董事会规模过大会产生明显的搭便车问题。当董事会成员数量增加时，每位董事的边际影响力会降低，进而导致部分董事倾向于依赖其他成员承担更多责任，而自己减少对公司事务的关注（Jensen，1993）。Lipton 和 Lorsch（1992）进一步指出，董事会规模过大会显著增加沟通成本，降低公司价值。Mak 和 Kusnadi（2005）利用新加坡上市公司的数据，进一步验证了董事会规模与公司绩效之间的负相关关系。同样，Eisenberg 等（1998）在研究芬兰的小型和中型企业时，也发现了类似的结果。

（2）董事会成员构成

董事会成员构成，尤其是外部董事或独立董事在董事会中的占比，是影响董事会治理效能的关键因素。现有文献对此进行了广泛研究，探讨了独立董事在监督管理层、提供战略建议以及提升公司治理质量方面的作用。但是，独立董事作为提升公司治理透明度、保护中小股东权益的重要机制，其实际作用因国家治理环境、法律制度、公司特性及董事会运行模式的不同而有所差异。一方面，独立董事在监督管理层、保护中小股东权益以及提升公司绩效等方面具有显著的积极作用。独立董事因其无直接利益关联的身份，具备更高的客观性和独立性，这使其在监督管理层方面具有独特的优势。Beasley（1996）的实证研究表明，在独立董事比例较高的公司，其财务报表违规的可能性显著降低。在审计委员会中，独立董事通过审查财务报告和内部控制流程，显著降低了公司发生舞弊的风险（Carcello and Neal，2000）。另一方面，独立董事在大股东和中小股东之间起到了平衡器的作用。独立董事通过参与董事会决策，确保决策过程的公开透明，避免了大股东在资源分配和投资决策中的不当行为。Rosenstein 和 Wyatt（1990）发现，独立董事的引入得到了资本市场的积极响应，反映了投资者对独立董事保护中小股东权益能力的认可。

此外，大量的实证研究表明，独立董事的引入与公司长期绩效的提升密切相关。独立董事通常具有广泛的行业经验和专业背景，他们能够为董事会提供多样化的见解，提升战略决策的全面性和科学性。Anderson 和 Reeb（2004）的研究表明，独立董事比例较高的公司，其市场表现和财务指标显著优于同行。Cote 等（1997）的研究表明，独立董事在并购交易中发挥了重要的监督作用。他们因不受管理层利益的影响，能够更加客观地评估并购提议，并为股东争取更高的并购价格。另外，即使形式上独立董事与管理层并不直接存在利益关系，管理层对独立董事选任过程的控制也可能导致独立董事对管理层的行为持宽松态度，从而削弱董事会的整体监督效能（Hermalin and Weisbach，1991）。这种现象被称为“管理层捕获”，反映了信息不对称和代理问题对公司治理中董事会有效性的深层次挑战。Yermack（1996）的研究通过分析企业董事会组成与其财务绩效之间的关系，揭示了独立董事比例的增加并未显著改善企业的市场表现或运营效率，这一结论进一步支持了 Hermalin 和 Weisbach（1991）的观点。Mak 和 Li（2001）对新加坡企业的研究发现，尽管独立董事在董事会中所占比例较高，但这一结构特性与企业的财务表现并未表现出显著的相关性。同样，Mehran（1995）对英国和澳大利亚企业的研究发现，无论是董事会规模、独立董事比例，还是董事会其他结构性特征，都未显示出能够系统性提升企业业绩的作用。

还有一些研究从内部控制、盈余管理和会计信息质量等多个维度对独立董事的监督效应进行了系统检验。例如，Beasley（1996）的研究发现，董事会中独立董事比例较高的公司，其财务报表舞弊的可能性显著降低。Peasnell等（2005）的研究表明，外部独立董事能够显著降低异常应计项目。此外，国内学者也从中国公司治理的独特环境出发，探讨了独立董事的监督效应。胡奕明和唐松莲（2008）的研究发现，独立董事在抑制盈余管理方面具有显著作用。支晓强和童盼（2006）则从内部控制角度验证了独立董事在公司治理中的关键作用。

（3）董事会的领导结构

董事会主席与CEO角色分离被广泛认为是提升董事会有效性的重要措施。权力分离的理论基础在于代理理论，该理论强调，当董事会主席和CEO由同一人担任时，监督职能可能因权力集中而弱化，管理层可能利用其信息优势追求个人利益，损害股东权益。Fama和Jensen（1986）指出，权力分离能够更好地实现董事会对管理层的监督，避免因角色重叠导致的利益冲突。Yermack（1996）的实证研究发现，当董事会主席与CEO角色分离时，企业绩效与股东回报率更高。这是因为在分权结构下，董事会主席能够专注于监督和指导CEO，从而确保董事会决策的独立性。

然而，权力分离并不总是带来正面效果。Daily和Dalton（1994）的研究指出，在某些特殊环境下（如企业处于重大危机或转型阶段），董事会主席和CEO角色合并可能更有利于企业战略的迅速执行。因此，权力分离的有效性可能因企业所处情境而异。另外，现代管家理论从不同于代理理论的视角出发，提出董事长和总经理两职合一（即“权力集中”）可能对企业治理和价值创造具有积极作用。首先，现代管家理论认为，董事长与总经理职能的统一能够减少决策环节的冲突与权力斗争，形成更加高效的战略决策机制（Davis et al.，1991）。在权力分离的情境下，董事会和管理层之间可能因目标不一致或权责边界模糊而发生冲突，从而延误决策或导致资源浪费。而两职合一则通过集中权力和责任，使领导者能够迅速回应市场变化和企业需求，特别是在外部环境不确定性较高的情况下，这种集中化的领导模式能够更好地保证战略执行的连贯性和一致性（Donaldson and Davis，1997）。其次，两职合一有助于在组织内形成强有力的领导，提升企业文化的凝聚力。现代管家理论强调领导者对企业的忠诚和奉献，当董事长与总经理由同一人担任时，他可以在战略规划和日常运营中发挥更大的影响力，将其价值观和使命感传递至整个组织（Muth and Donaldson，1998）。蔡志岳和吴世龙（2007）通过实证分析发现，在董事长兼任总经理的公司中，其违规行为的概率和违规程度显著低于董事长和总经理分离的公司。这一发现支持了现代管家理论的观点

2.1.3 董事会成员特征的相关研究

（1）专业背景

专业背景是影响董事会治理效能的重要因素，其中财务会计背景因其在企业关键治理领域的作用而备受关注。具有财务会计背景的董事在风险管理、财务决策和内部控制方面具有很强的专业能力，这不仅体现在日常的财务监督中，还在预防重大财务违规和提高企业透明度方面发挥着核心作用。2002年，美国颁布的《萨班斯-奥克斯利法案》（Sarbanes-Oxley Act，也称SOX法案）明确规定，公司审计委员会中必须至少有一名财务专家，以确保财务报告的透明度和准确性

（Coates，2007）。这一要求从法律层面凸显了财务专家在公司治理中的重要性。与此类似，中国证监会于2002年发布的《上市公司治理准则》也规定，上市公司董事会成员中应包括具有会计专业背景或财务管理经验的成员，以强化对公司财务活动的监督能力。这些政策体现了各国对财会背景董事在治理体系中的价值的高度认可。研究证据进一步支持了这一观点。DeFond等（2005）发现，财会背景董事能够显著提升企业财务报表的准确性和内部控制的有效性，尤其是在预防会计欺诈和财务违规方面具有显著效果。此外，Dhaliwal等（2010）的研究表明，财会背景独立董事由于其对财务报表的敏感性和专业性，能够更有效地识别并限制管理层的盈余管理行为。这不仅提高了财务报告的透明度，也增强了股东和利益相关者对公司的信任。

银行与金融背景是影响董事会治理效能的重要因素。具有银行或金融背景的董事被普遍视为公司治理中的核心资产，这类董事在资本结构优化、风险管理以及财务决策中发挥了独特而重要的作用。Kroszner和Strahan（2001）通过对美国企业董事会组成的实证分析指出，具有银行或金融背景的董事能够有效应对金融市场的复杂性，在企业的财务治理中展现出更强的专业能力。尤其是在资本结构优化方面，这类董事能够通过其深厚的金融知识和实践经验，帮助企业制定更高效的资本配置方案，从而提升企业的财务透明度。此外，Erkens等（2014）发现，具有银行背景的独立董事在信息沟通方面有显著优势，他们能够通过促成企业与银行之间的有效沟通，提升企业会计信息的透明度和稳健性。这种改善不仅增强了利益相关者对企业财务状况的信心，还为企业建立了更加可信赖的外部形象。具有银行背景的董事对企业债务融资能力的提升有直接促进作用。他们凭借专业经验和行业人脉，能够帮助企业与银行建立更紧密的信任关系，从而获得更加有利的贷款条件和融资工具。Ramirez（1995）的研究表明，银行背景董事的加入不仅能够提升企业在金融机构中的信用形象，还能通过资本市场中的声誉效应降低融资成本。另外，这类董事在复杂的金融谈判中能够利用其专业知识和社会资源，为企业争取更好的债务融资方式。在我国，银行背景董事在缓解企业融资约束方面的作用尤为显著。祝继高等（2015）的研究指出，国有企业更倾向于选择具有银行或金融机构任职经历的董事，以提升企业的融资能力和资本配置效率。这类董事能够帮助企业优化银企关系，提高企业的信用评级，降低信息不对称程度，进而争取更加有利的融资条件。相关研究进一步验证了这一观点。刘浩等（2012）和苏灵等（2011）发现，银行背景董事的专业知识和资源整合能力有助于改善企业的财务透明度并降低其融资难度。这对于国有企业和资金密集型行业尤为重要。

还有一些研究分析了董事成员的券商背景、法律背景以及技术背景对董事会治理效能的作用。具有券商背景的董事（如曾在证券公司或资本市场领域任职）在资本市场方面的专业知识和丰富的网络资源使其在提升企业资本运营能力方面具有独特优势。具体而言，这类董事能够优化企业的融资结构，增强投资者的信心，并在资本筹集和股东沟通中发挥重要作用。此外，券商背景董事因熟悉资本市场运作，可以帮助企业识别并规避潜在的资本市场风险，从而为公司战略决策提供更具前瞻性的建议（Kim and Lu，2011；何贤杰等，2014）。具有法律背景的董事能够提供专业的法律合规建议，有效减少法律纠纷和潜在的违规成本，从而提升企业治理的合规性和合法性。这类董事尤其擅长监督管理层的行为，确保重大决策的合法性，并维护中小股东的权益（何威风和刘巍，2017）。此外，法律背景董事在处理国际化运营中的法律风险方面尤为重要，他们能够帮助企业适应复杂的国际法律环境，增强跨国企业的合规能力，从而提高企业在全球市场中的竞争力。随着高科技行业的重要性不断提高，技术背景董事的作用变得愈发重要。有研究表明，具有技术背景的董事不仅能够推动企业的技术创新，还能在技术转型和研发投入上提供战略指导，尤其是在需要创新驱动的行业中表现尤为突出（Kor，2006；胡元木等，2016）。此外，技术背景董事熟悉技术变革带来的行业动态和不确定性，能够确保企业战略决策与行业发展前沿保持一致，从而帮助企业在技术竞争中占据优势。

（2）政治关联

政治关联现象在全球上市公司中普遍存在。根据Faccio（2006）的研究，许多公司通过聘请具有政治背景的个人担任董事或管理层成员，从而建立起与政府之间的紧密联系。这种政治关联在全球范围内被视为企业获取资源、政策支持以及减少外部风险的重要手段。在我国，政治关联现象尤为突出，特别体现在上市公司中独立董事具有官员背景上。许多独立董事因曾经担任政府官员或与政治系统有密切联系而被选任，这使得他们在企业与政府之间扮演了“桥梁”角色。有研究表明，具有官员背景的独立董事能够在资源分配、政策获取及降低外部不确定性方面发挥积极作用，但同时也可能引发一定的代理问题（邓晓飞、辛宇、滕飞，2016；叶青、赵良玉、刘思辰，2016）。

不同背景和制度环境下的研究结论呈现出多样性。余峰燕和郝项超（2011）的研究发现，在国有企业中，具有行政背景的独立董事未能有效发挥治理作用，反而可能降低企业的财务信息质量。具体而言，这些董事由于其行政背景的特殊性，更倾向于服务企业的政治目标或政策性任务，而非关注企业财务透明度或信息披露质量。与此相对，魏刚等（2007）则指出，具有政府背景的董事能够帮助企业降低外部政策环境的不确定性，为企业战略决策提供更明确的方向，从而增强运营效率，提升经营业绩。

近年来，“中组部18号文件”（即中组部印发的《〈关于进一步规范党政领导干部在企业兼职（任职）问题的意见〉的通知》）对党政领导干部在企业中兼职进行了限制，为研究官员背景独立董事的治理效能提供了一项自然实验。叶青等（2016）的研究表明，相较于普通独立董事辞职，具有政府背景的独立董事因政策原因辞职对企业市值产生了更为显著的负向影响。公告日前后5天内，公司市值平均下跌超过2%。这一市场反应表明，投资者将政府背景独立董事视为企业获取政策资源和外部支持的重要渠道，其辞职被解读为削弱企业资源依赖能力的信号。此外，有研究发现，辞职独立董事的政治级别越高，市场的负向反应越强烈。这表明，高级别政治背景独立董事因其更强大的资源获取能力和政府关系网络，在辞职后对企业造成的负面影响更为显著。邓晓飞等（2016）进一步揭示了这种负向效应在不同企业类型和治理环境中的差异化表现，研究发现，与国有企业相比，非国有企业对政府背景独立董事辞职的市场反应更为负向。这可能是由于非国有企业对政治关联的依赖程度更高，失去政府背景独立董事对其资源获取能力的冲击更为显著。另外，在治理环境较差的地区，这种负面效应更为强烈，表明外部治理机制较弱的企业对政治关联的依赖性更高。

（3）地域属性

近年来，随着公司治理研究的不断深化，董事会成员的地域属性逐渐成为学术界探讨的重点议题之一。在这一背景下，董事会成员的国际化背景被认为在推动企业国际化、创新发展以及提升治理效能方面发挥着关键作用。

国际化背景董事的积极影响已得到多项研究的支持。Oxelheim等（2013）指出，具有国际化背景的董事能够为企业提供丰富的海外市场知识，并通过引入国际最佳治理实践，提升公司治理质量和运行效率。此外，Iliev和Roth（2018）的研究强调，海外经验有助于推动企业在治理水平较低的市场中采用更高标准的治理模式，从而弥补本地治理体系的不足。与之相呼应，杜兴强和谭雪（2017）的研究发现，国际化背景董事会成员的引入显著提升了企业的现金股利支付率，这主要源于他们在分配政策上引入了与本土治理逻辑不同的全球化视角，使分配策略更具平衡性和规范性。在我国，国际化背景董事的积极作用尤为显著。

然而，海外董事的治理效能并不总是显著的，其作用的发挥受到多重因素的制约。Masulis等（2012）指出，尽管海外董事在董事会多样性和咨询功能方面具有潜在优势，但其在企业监督和治理中的实际效果可能因信息不对称和参与限制而大打折扣，尤其是在复杂决策情境下。此外，正式制度与社会文化因素进一步加剧了海外董事治理效能的差异化表现。具体而言，在新兴市场国家，海外董事由于缺乏对本地法律法规和市场规则的深入理解，可能使监督效能被显著削弱。而文化差异在治理行为和决策方式上的影响更为深远，Hofstede（1980）的文化维度理论指出，不同文化背景下的权力距离、个体主义与集体主义倾向，以及对不确定性的规避程度等因素都会直接影响董事会成员的决策风格和沟通效率。

此外，地理距离也是影响董事会效能的重要因素之一。孙亮和刘春（2014）发现，企业在聘用异地独立董事时，通常基于两方面的策略性考量：一是弱化监督机制，减少治理约束；二是强化咨询功能，通过引入外部资源和智力支持实现企业发展的多元化需求。这一现象在民营企业中尤为突出，因为民营企业需要在监督与资源导入之间寻求平衡。刘春等（2015）的研究进一步揭示了异地独立董事在异地并购中的积极作用，研究表明，当被并购公司的独立董事与主并购公司所在地存在联系时，信息不对称问题得以缓解，跨区域交易的沟通效率显著提升，从而加速了并购进程，降低了交易的不确定性。然而，地理距离的影响并非单向的。罗进辉等（2017）发现，独立董事的地理距离与公司双重代理成本呈现显著的U形关系。当独立董事与公司所在地的距离较近时，其监督功能更为显著，有效降低了管理层与股东之间的代理成本。然而，随着地理距离的逐步扩大，信息获取和沟通成本增加，独立董事的监督效能逐渐减弱，反而导致代理成本重新上升。这一现象在治理结构不完善的国有企业和欠发达地区企业中尤为明显。

（4）性别多元化

目前，关于董事会成员性别多元化对公司治理及企业绩效的影响，学术界主要有了两种不同的观点。

一种观点支持性别多元化，有研究认为，性别多元化不仅为企业治理引入了更加多元化的视角，还通过提升决策质量和监督效能，最终促进了企业的长期价值提升。董事会性别多元化对企业创新与研发的推动作用已经得到实证支持。性别多元化在企业社会责任（CSR）方面也发挥着积极作用。Rao和Tilt（2016）的研究发现，女性董事往往具有更强的社会责任意识和伦理观念，能推动企业采取更可持续、更负责任的发展战略。这种发展理念能够确保企业在履行经济责任的同时，兼顾社会和环境责任，从而促进企业可持续发展。

在公司治理方面，性别多元化强化了监督职能与治理透明度。Adams和Ferreira（2009）的研究指出，女性董事的增加显著提升了董事会的治理透明度与监督力度。在监督效能提升的同时，性别多样化的董事会还引入了新的视角与咨询能力，形成监督与战略咨询的有效平衡，有助于提升公司治理的整体效率，优化企业监督与发展之间的资源配置。此外，性别多元化在提升财务信息质量与内部控制方面也发挥着积极作用。Francis等（2015）发现，性别多元化的董事会能够显著减少财务报告中的错误与盈余管理现象，从而提高财务信息的可靠性。类似地，Campbell和Mínguez-Vera（2008）提出，女性董事往往更倾向于提出严格的内部控制要求，减少管理层的机会主义行为，显著降低企业运营中的风险。Carter等（2003）的研究进一步表明，董事会性别多元化与公司绩效之间存在正向关系，尤其是在治理需求较高的企业中，这种积极效应更加显著。性别多元化不仅提高了企业绩效，还为公司治理带来了更为稳健和高效的执行力。

另一种观点认为，尽管董事会性别多元化能够引入多元视角，但同时也可能引发一系列负面效应，特别是内部意见分歧的加剧，从而影响决策效率，最终不利于公司价值的提升。在某些情况下，企业推行性别多元化更倾向于符号化，主要是为了应对外部压力或满足社会期望，而非出于实质性的治理需求。在这种情况下，女性董事的发言权和影响力往往被边缘化，她们未能真正参与治理决策，反而加剧了董事会内部的“象征性分歧”，使治理效率进一步降低，未能带来预期的公司价值提升。Adams和Ferreira（2009）的研究也指出，随着女性董事比例的增加，董事会对管理层的监督力度显著增强。然而，这种高强度的监督在治理机制已经较为完善的公司中往往显得多余，还会导致“边际治理成本大于边际收益”的现象，反而影响了公司的经营效率和绩效表现。此外，金智等（2015）基于中国特有的文化制度背景发现，女性在高管职位上往往面临较大的社会压力和角色预期限制，这可能削弱她们在董事会中的话语权和实际影响力。同时，女性董事在决策过程中通常表现得更为保守和谨慎，在投资决策中倾向于规避风险，这种倾向可能导致企业投资不足或错失重要发展机会，最终降低了整体投资效率。

（5）董事社会网络结构

国外学者围绕董事社会网络结构展开了大量研究，探讨了其在公司治理与企业活动中的多方面作用。首先，在公司员工期权激励政策方面。Bizjak 等（2009）的研究指出，董事社会网络结构对企业期权激励政策的设计具有重要影响。通过社会网络，董事能够借鉴其他公司在员工期权激励方面的成功经验与实践，帮助企业优化激励机制的设计，确保薪酬政策在吸引和激励人才的同时，促进企业长期稳定发展。其次，在公司治理行为方面。Bouwman（2011）从公司治理的角度分析了董事社会网络的作用，发现董事在不同公司间的社会联系有助于治理经验的交流与传播。这种跨企业的信息共享与治理传导机制有助于企业提升治理水平，强化董事会在公司管理中的监督和决策功能。最后，在并购活动方面。Cai 和 Sevilir（2009）的研究揭示了董事社会网络在企业并购活动中的积极作用。董事之间的社会联系能够有效降低并购双方的信息不对称，促进信息流通与资源对接，从而提高并购谈判的效率，推动并购交易顺利完成。

谢德仁和陈运森（2012）指出，现有关于董事社会网络的研究在定义上存在一定的模糊性，未能充分体现网络结构的核心特征。因此，他们结合中国独特的制度情境，从结点维度和关系维度两个方面对董事社会网络进行了重新界定。在董事社会网络中，结点代表网络中的个体，通常指董事会成员，包括独立董事、执行董事等。每个结点不仅代表个体的存在，还反映了个体在网络中的地位与作用。关系是指董事之间通过共同担任公司董事职务或其他社会联系所形成的网络链接。谢德仁和陈运森（2012）的研究表明，董事社会网络在公司治理中发挥着重要作用。通过社会网络联系，董事会成员能够优化薪酬治理机制，确保高管薪酬与公司业绩的匹配性，进而提升薪酬激励的有效性。

万良勇和郑小玲（2014）则探讨了董事会网络在并购活动中的作

用，发现董事会网络通过信息优势、资源整合和经验传递，有效促进了公司并购活动的开展。此外，独立董事的网络资源由于其独立性、专业性和治理优势，对并购活动的促进效果更加显著。马连福和冯慧群（2014）揭示了董事会成员通过社会关系网络、资源整合能力和外部影响力所形成的无形资本，有助于信息的高效传递，降低了公司与外部市场之间的信息不对称，防止内部人控制和机会主义行为，推动了公司治理的透明化和规范化。高凤莲和王志强（2016）进一步探讨了独立董事的社会资本与公司委托代理成本之间的关系。他们发现，丰富的社会资本使独立董事能够更有效地获取外部信息，减少了信息不对称，对管理层形成了有效监督。在法律保护较为薄弱的地区，正式制度的约束作用较弱，独立董事的社会资本作为一种“替代治理机制”，通过声誉约束和社会影响力，有力推动了公司治理质量的提升。Helmers等（2017）的研究表明，董事会连锁关系使董事会成员能够从其他企业获取关于创新投资、技术发展和市场前景的关键信息，帮助企业做出科学、前瞻的研发决策。在专利产出方面，连锁关系同样展现出积极的促进作用。Kang等（2018）研究了友好型董事会对企业创新的激励机制，指出CEO与董事之间的社会联系有助于建立更高水平的信任，减少对短期财务业绩的过度关注。这种宽松的治理环境使企业能够持续加大研发投入，推动技术创新和专利产出。陈运森和郑登津（2017）发现，董事关联关系在企业间形成了跨公司信息共享机制，发挥了“信息桥梁”的作用，帮助企业弥补市场信息的不足，获取外部信息和投资参考依据。梁上坤等（2018）探讨了高网络中心度独立董事的特征，发现处于高网络中心度的独立董事通常有更高的社会影响力与更好的职业声誉，因此这类董事更注重维护自身形象，避免与会计违规和盈余管理等负面事件相关联，这也有助于提升企业治理的规范性和稳健性。

2.1.4 董事会行为的相关研究

（1）董事会成员持股

早期的一些研究指出，董事会成员持股是实现公司治理与利益一致性的重要手段，能够有效缓解代理问题，提升治理效率。Hermalin和Weisbach（1991）发现，董事持股有助于激励董事更积极地履行监督和决策职能，确保其与股东利益一致，进而提升公司绩效。

（2）董事会会议频率和形式

在现实中，董事会会议是公司治理体系的核心环节，承担着公司战略制定、高管聘用、重大投资与财务决策等关键职能，因此，董事会会议作为董事会履行监督、咨询与决策职能的重要途径，对公司治理的有效性具有深远影响。

一方面，适当延长会议时间有助于董事会成员进行深入讨论，形成共识，并提升决策质量和执行效率。Lipton和Lorsch（1992）的研究发现，会议时间的延长表明董事会成员对公司重大决策投入了更多的精力并保持了审慎的态度，能够更全面地审视战略方案、财务政策与高管行为，从而减少了信息不对称，降低了决策失误的可能性。Conger等（1998）进一步指出，随着会议时间的延长，董事会成员通过充分的沟通和意见交换，往往能够达成更高程度的共识，这种意见的统一有效减少了内部分歧，确保了决策的顺利执行。会议频率与公司绩效之间也存在显著的正相关关系。Brick和Chidambaran（2010）的研究表明，较高的会议频率往往反映出董事会对公司治理的高度关注，进而能够提升企业绩效。牛建波和李胜楠（2007）的研究进一步发现，在股权与控制权分离程度较高的企业中，董事会会议成为强化监督、降低内部人控制风险的重要手段，从而提高了治理效率，促进了公司价值的提升。此外，会议时间的投入对于独立董事的治理效能尤为重要。周建等（2016）的研究表明，独立董事在会议上投入更多时间，有助于其更充分地履行监督与决策职能，强化对管理层的约束力，进一步提升了公司治理质量与效果。

另一方面，独立董事参会次数越多，越反映出公司内部存在较多问题需要解决。这一现象揭示了董事会会议频繁召开背后的双重含义：既可能是董事会积极履行监督职能的表现，也可能意味着公司治理中潜藏的风险或经营困境。

首先，会议频率与公司所出现的问题之间的关系值得关注。高频率的独立董事会议往往与公司治理问题、财务状况不佳或战略决策的复杂性密切相关。董事会频繁召开会议，可能是为了解决重大经营难题、应对管理层不稳定或外部监管压力。胡奕明和唐松莲（2008）的进一步研究发现，独立董事参会次数越多，公司盈余质量反而越低。这揭示了会议频率增加与财务信息质量下降之间的负面关联。

其次，独立董事参会次数与治理压力存在一定的联系。频繁的会议通常意味着独立董事承担了更大的监督责任，需要介入日常管理或解决高风险决策问题。这在一定程度上反映了管理层决策效率的不足或内部治理机制的缺陷。Schwartz-Ziv 和 Weisbach（2013）指出，独立董事参会次数的增加往往是为了弥补管理层在治理方面的不足。然而，长期高强度的会议不仅加重了独立董事的治理压力，还可能导致其资源分散，削弱监督效果，降低整体治理效率。此外，若公司的内部问题持续得不到有效解决，会议的高频率可能逐渐流于形式，无法带来实质性的治理改善，反而会进一步降低治理质量，增加企业的治理成本。

（3）董事会成员发表独立意见行为

叶康涛等（2011）深入研究了独立董事发表异议的治理效应，发现独立董事通过异议行为揭示公司内部潜在的治理问题和决策风险，有助于提高董事会决策的审慎性，防范经营风险进一步扩散。此外，有研究指出，独立董事的异议行为在资本市场上被视为一种积极的治理信号，能够增强市场对公司治理透明度和决策质量的信心，从而提升公司的市场价值。Schwartz-Ziv和Weisbach（2013）通过分析董事会会议记录发现，董事会成员的发言内容主要集中在对管理层决策的监督和质询上，而非单纯的咨询或建议。通过计算监督发言和建议发言所占的时间比例，有研究发现监督相关的讨论在董事会会议中占据主导地位，这体现了董事会对管理层行为的有效约束与控制。Jiang等（2016）的研究表明，董事会的质疑行为在公司治理中发挥着积极作用。董事会成员通过质疑行为推动了公司信息披露质量与透明度的提升，有力促进了企业治理的规范化与高效化。

与此同时，部分研究揭示了独立董事发表否定意见可能带来的负面后果，进而削弱了其监督职能。郑志刚等（2016）的研究发现，独立董事发表否定意见后，其面临更高的离职风险。陈睿等（2015）的研究进一步指出，发表否定意见的独立董事未来的连任概率显著降低。这种职业不确定性可能使独立董事在履职过程中更为谨慎甚至保守。唐雪松等（2010）指出，由于担忧发表否定意见可能影响职业声誉和未来发展，部分独立董事可能采取“沉默”策略，避免与公司管理层或大股东发生冲突，这削弱了监督效能。

（4）董事会成员的离职行为

独立董事的离职行为不仅反映出其对公司治理或经营状况的不满，也可以向市场传递公司存在潜在问题的信号。这种“提前抽身”行为往往预示着公司可能面临业绩下滑、违规操作或治理危机，具有重要的预警功能。Dewally和Peck（2010）的研究表明，独立董事的主动离职往往是出于对公司未来风险的预判和对自身声誉的保护。张俊生和曾亚敏（2010）的研究发现，独立董事的非规定辞职，尤其是未提前披露或未按正常任期完成的辞职，往往被市场解读为公司内部存在潜在的治理问题或经营风险。而当公司在公告中未对独立董事表示感谢时，市场反应更为负面。戴亦一等（2014）的研究表明，独立董事的提前辞职在一定程度上反映了公司内部存在财务报表失真、内部控制缺陷或违规操作等问题。公司的独立董事提前辞职后，公司在未来年度更容易发生重大财务报告重述。

（5）董事会成员的兼职行为

有一种观点认为，兼职过多的董事不仅面临时间与精力的分散，还可能因涉及多个公司而产生利益冲突，影响其独立性和判断力。此外，过度的责任分散可能使董事在多个任职企业中采取"低投入"策略，降低履职的积极性。Fich和Shivdasani（2006）发现，兼职过多的董事难以在每个任职企业中投入足够的时间和精力，这导致其在监督和决策中的作用减弱。Shivdasani和Yermack（1999）的研究进一步指出，过多的兼职导致董事履职质量下降，表现为会议参与度下降和咨询与决策功能弱化。另一种观点认为，优秀的兼职董事往往能够在多家企业间保持履职平衡，实现监督与咨询职能的双重提升。这一观点强调兼职董事所带来的实践经验、市场声誉和资源优势，认为这些因素有助于提升公司治理质量与企业绩效。Field等（2013）指出，兼职较多的董事通常具有更广泛的行业知识和治理经验。他们在不同企业中积累了丰富的治理和决策经验，能够在关键问题上提供更具前瞻性和专业性的建议，优化公司战略决策和风险管理。然而，Masulis和Mobbs（2014）的研究发现，当董事会成员在多家企业任职时，其在不同公司中的时间与精力投入并不是均等的，在资源有限的情况下，兼职董事倾向于优先关注能够带来更高回报率或影响力的企业，而将规模较小、问题较少的公司置于次要位置。全怡和陈冬华

(2016) 进一步探讨了董事会成员在多家企业兼职时的投入分配行为，发现董事会成员倾向于将更多时间与精力投入声誉较好、市场影响力较大的企业中。

2.1.5 国有企业董事会建设相关研究

提升公司治理效能的核心在于确保董事会能够有效履行其职责，推动企业在经营决策中实现合理化和透明化，从而推动企业高质量发展。市场经济作为"一只无形的大手"，持续地对公司董事会的运行施加推动与制约双重力量。在这种动态变化、多因素交织的环境中，准确判断董事会所发挥的治理效能成为研究央企董事会试点的核心问题。只有深入剖析董事会在不同市场情境与政策框架中如何履行战略规划、监督管理、风险防控等职能，才能真正理解董事会试点对于央企完善治理结构、提升运营效率、实现可持续发展的重要性与有效性，进而为央企在未来的改革与发展中优化董事会建设提供坚实的理论依据与实践经验借鉴。国务院国资委2004年出台的《关于中央企业建立和完善国有独资公司董事会试点工作的通知》意义重大。该通知明确在各中央企业中按批次、依年份逐步开展董事会建设试点工作，相当于搭建了一个极具价值的实践平台。随后我国企业多样化的实践成为研究董事会的绝佳样本与案例，研究者能够基于这些真实发生在央企中的具体情况，分析董事会建设中的优势与不足、总结经验教训、探寻普遍规律以及适合不同情境下的最佳实践路径，进而为更广泛的企业在完善董事会制度、提升董事会治理效能等方面提供有价值的参考和指引。

截至2021年，各大央企的董事会建设工作已经从最初的"试点探索"阶段逐步转向"全面推进"的新阶段。董事会建设从"试点探索"迈向"全面推进"是企业在现代化治理进程中的关键转变。这一转变体现了企业战略布局在组织架构层面的深化与拓展，从集团核心的局部试验拓展至整个集团体系内重要子公司的全面覆盖，旨在构建一个更为系统、协同且更有广泛适应性的决策与治理网络。这不仅是治理范围的物理性扩张，更是从基础构建的“量”的积累迈向高质量发展“质”的飞跃。它反映了企业顺应市场竞争与内部管理升级需求，致力于完善董事会机制，全面提升集团整体竞争力与可持续发展能力，以更科学、高效、稳健的姿态应对日益复杂多变的商业环境挑战，使董事会真正成为企业战略引领、风险管控、创新驱动以及资源整合的核心引擎，进而带动企业在更高层次的治理水平上实现长远发展与价值创造。

央企董事会试点改革以提升企业治理效率为核心，着力推进董事会的专业化建设和治理职能优化。李文贵和余明桂（2017）的研究认为，央企董事会试点改革通过降低代理成本、优化治理效率，有效提升了国有企业的经营绩效。嵇尚洲（2018）的研究表明，试点改革强调提高董事会运作的透明度，减少内部人控制问题，进一步促进董事会独立性的提升。白俊等（2019）的研究表明，央企董事会试点改革通过优化决策结构、减少行政干预和强化激励机制，显著激发了企业的创新动力。同时，政策负担的减轻释放了更多资源用于创新领域，推动了国有子公司技术研发和产品创新水平的提高。秦帅等（2024）的研究表明，试点改革通过明确董事会的职责权限，减少了外部行政干预，赋予董事会对高管任免更多的决策权力。这种独立性提高了高管变更与企业实际经营绩效之间的关联性。通过业绩敏感性高的高管任免机制，企业能够更快地淘汰不合适的管理者，将重要岗位留给能力更强、战略眼光更长远的高管，从而实现人力资源的最优配置。此外，董事会改革进一步推动了企业治理的专业化发展，通过引入具有注册会计师等专业背景的独立董事，不仅提升了决策的科学性，还强化了对企业经营活动的监督和指导功能（于瑶和祁怀锦，2021；毛新述，2022）。

央企董事会试点改革虽然在提升治理效率和企业绩效方面取得了显著成效，但是也暴露出一些问题。尽管试点改革强调了董事会的独立性，但在实际操作中，一些央企仍然存在外部行政干预现象，董事会难以真正摆脱来自政府或控股股东的直接影响，导致其独立决策能力受限（熊锦秋，2015）。试点改革虽然在权责划分上有所明确，但在实际操作中，董事会与管理层之间的权责界限仍存在模糊地带。一些企业的董事会在战略决策中介入过深，导致管理层的执行权受限（徐炜，2011）。

2.2 公司现金持有的相关研究

2.2.1 现金持有的测度

现金持有水平是企业为了满足日常运营、应对未来不确定性以及实现战略目标而持有的现金及其等价物的数量。研究者对现金持有的定义各有侧重。为克服公司规模对分析结果可能造成的不利影响，研究者通常采用比值法来定义现金持有水平。具体而言，现金持有水平通常被表示为现金及现金等价物与总资产或总收入的比值。Demir和Ersan（2017）、Thakur和Kannadhasan（2019）、Phan等（2019）以及吉瑞和陈震（2020）的研究均使用这一方法来衡量企业的现金持有水平，从而使不同规模的公司具有可比性。此外，Harford等（2014）和Gao等（2013）在相关研究中使用了现金及现金等价物的自然对数作为指标。这种方法能在一定程度上降低数据的异质性和极值的影响，使得对现金持有水平的分析更加稳健。

本书采用比值法来衡量企业的现金持有水平，将其定义为企业期末现金及现金等价物余额与期末非现金资产余额的比值。这一方法能够有效减少公司规模差异对结果分析的干扰，增强不同规模企业之间的可比性。同时，通过专注于非现金资产的比例分布，该衡量方式更直观地体现了企业流动资金在资产结构中的权重，具有较高的学术应用价值，并得到了广泛研究的支持和验证。

2.2.2 现金持有的影响因素

（1）公司层面影响因素

财务特征是影响企业现金持有水平的重要因素，它涵盖了公司规模、现金流波动性、财务杠杆以及盈利能力等多个方面。其中，不同特征的变化对现金持有水平产生了显著的差异性影响。Opler 等（1999）的研究指出，大公司通常拥有更强的市场融资能力和更高的债务融资信誉，因此可以通过外部市场快速筹集资金，而不必持有大量现金以备不时之需。此外，大公司由于运营规模较大，交易成本相对较低，对现金储备的需求相对减少。企业现金流的稳定性对现金持有水平具有重要影响，Opler 等（1999）的研究进一步发现，现金流波动性较大的公司更倾向于持有高水平的现金储备。企业的资本结构同样影响现金持有水平。负债率较高的企业通常持有较少的现金，因为债务融资可以满足其流动性需求，同时还需偿还债务利息和本金，而这会减少企业的现金储备（Ferreira and Vilela，2004）。

企业经营战略对现金持有水平的影响主要体现在成长机会、投资战略和多元化经营等方面。Opler 等（1999）指出，成长型企业往往拥有更多的投资机会，但这些投资机会往往与较高的不确定性和外部融资成本相关。因此，为了抓住这些成长机会，企业倾向于持有较多的现金储备，以避免因外部融资困难而错失良机。Dittmar 和 Mahrt-

Smith（2007）的研究发现，投资规模较大的企业通常需要更多现金储备以支撑其资本支出和并购活动。然而，若投资效率较低，企业持有过量现金会导致资源浪费，进而影响企业绩效。王福胜和宋海旭（2012）的研究表明，多元化经营使企业的业务结构更加稳健，即使某一领域或某一市场遭受冲击，其他领域或市场的收入也可以起到平衡作用，减少整体现金流的不确定性。多元化经营还能够提升企业在内外部资本市场上的融资能力，从而进一步降低企业现金持有量。马忠等（2018）以子公司业务分布为出发点，发现多元化经营为企业提供了更为稳定的现金流来源，减少了因单一市场或业务风险带来的现金需求。但是，在治理水平较差的企业中，多元化经营会加剧代理问题。管理层利用多元化经营的复杂性和资金流动的隐蔽性，滥用企业资源，进行低效投资或增加个人收益，导致企业整体资源配置效率下降，甚至对现金持有水平产生负面效应。

在公司治理方面，代理问题反映了管理层与股东之间的利益冲突。由于信息不对称和控制权分散，管理层可能出于对个人利益的考虑而做出不利于公司长期发展的决策。代理问题对现金持有水平的影响是多方面的。代理问题越严重，管理层超额持有现金的可能性越大，主要表现为资源低效配置与资本浪费。Dittmar和Mahrt-Smith（2007）通过实证研究发现，在治理不完善的公司中，每1美元的现金持有只能带来0.42~0.88美元的市场价值。这表明管理层过度持有现金往往无法创造相应的股东价值，反而增加了代理成本和资源闲置。Amess等（2015）强调，在信息不对称严重的情况下，管理层可能错误地分配现金资源，导致流动性风险上升，企业价值受到损害。Opler等（1999）指出，代理问题导致现金持有水平与企业经营效率脱节，管理层出于对职业安全的考虑持有超额现金，降低了资金的边际投资回报率。

代理问题不仅导致现金冗余，也可能使现金持有量不足。基于耗散性假说，Jensen和Meckling（1976）提出，当公司治理机制不完善时，自利的高管可能倾向于将企业现金资源用于满足自身利益的目标。当大股东或管理层出于私利进行利益输送时，企业的现金储备被挤占，难以支撑正常运营和投资需求。辛宇和徐莉萍（2006）的研究提出了类似的观点，公司代理成本过高对企业的现金持有水平具有双重影响。在治理水平较低、代理成本较高的企业中，管理层出于自利动机过度持有现金。另外，代理成本过高也可能引发现金持有量不足的问题。在治理不完善的公司中，大股东或管理层通过现金分配进行利益输送，挤压企业用于日常运营和投资的现金储备，将可支配的现金资源用于企业的规模扩张，如非必要的并购活动、项目投资和多元化经营等，导致企业在面临流动性风险时无法及时应对，增加了经营不稳定性。

Elyasiani和Zhang（2015）的研究进一步指出，长期任职的CEO倾向于通过掌控更多的企业资源（包括现金资产）来增强对企业的控制，降低外部监督对其决策的约束，从而获取更大的自由裁量权。廖理和肖作平（2009）基于公司治理特征，深入探讨了公司股权结构对上市公司现金持有量的影响，他们发现，第一大股东的持股比例越高，公司持有的现金比例越大。高管持股比例越大，管理层越倾向于通过持有更多现金来提升公司的稳健性，防范经营风险。胡国柳等（2006）的研究结果表明，管理层持股比例与法人持股比例对企业现金持有量的影响具有相反的方向。管理层持股比例增加时，企业的现金持有量显著上升，反映出管理层通过现金储备加强对公司资源的掌控，增加决策自由度。法人持股比例增加时，企业的现金持有量显著下降，表明法人股东通过强化监督与约束，推动企业合理配置现金资源，提高资金的使用效率。杨兴全和孙杰（2007）的研究揭示了公司治理机制可以有效优化流动资产配置，减少超额现金持有量。通过增强股东监督权与决策参与度，企业可以有效降低管理层持有过量现金的动机，优化现金储备水平。杨兴全和尹兴强（2018）研究了国企混合所有制改革对企业现金持有水平的影响，发现股权融合促进了公司治理机制的完善，引入了更多外部股东，强化了对管理层的约束和监督，减少了内部人控制现象。在这种情况下，企业可能出于更高的治理规范要求，持有更多现金以保证资本的安全与流动性，确保各方资本的利益平衡和风险管控。

（2）外部环境影响因素

企业的现金持有水平不仅受公司层面因素的影响，还受外部环境的显著影响。外部环境主要包括制度环境、宏观经济环境、政策环境和市场环境等。这些外部因素通过影响企业的融资成本、现金流风险和治理约束，直接或间接地影响企业的现金持有决策。

在制度环境方面，Dittmar等（2003）通过跨国数据研究发现，在法律保护较弱的国家，企业倾向于持有更多的现金，以应对融资难题和管理层的机会主义行为。这表明法律制度的缺陷会导致企业对现金的预防性需求增加，以避免因外部融资约束错失投资机会。Pinkowitz等（2006）强调，国家层面的制度治理对企业的现金持有决策有深远影响。在治理较为完善的市场中，管理层的自利行为受到抑制，现金持有水平较为合理；而在治理不完善的市场中，企业往往持有过量现金，导致资源低效配置。Kusnadi和Wei（2011）从国家法律保护制度出发，发现在法律保护薄弱的国家中，企业的平均现金持有水平显著高于法律保护完善的国家的企业。尤其是在资本市场不发达、融资成本较高的环境中，企业通过高水平现金储备来应对流动性风险的动机更为显著。陈德球等（2011）探讨了政府质量对现金持有水平的作用机制，发现高质量政府通常通过政策支持和制度完善为企业创造稳定的外部环境，从而降低企业的流动性风险。政府质量高的地区往往伴随着更完善的法律体系和市场监管机制，能够有效约束企业管理层的机会主义行为，减少现金资源的低效使用。王彦超和王语嫣（2018）从债务诉讼的角度出发，发现在法律执行效率较高的环境中，债务诉讼机制能够促使企业合理安排资产配置，尤其是现金持有水平。高效的法律制度通过完善的治理机制和司法执行力，对企业管理层的行为形成有效约束，优化企业的流动资产管理，进而减少企业对高额现金储备的依赖。

在宏观经济环境方面，Bates 等（2009）的研究指出，宏观经济波动增加了企业经营的不确定性，企业倾向于持有更多现金以应对未来的流动性风险和经营冲击。在经济衰退期，外部融资成本上升，企业现金储备显著增加。Chen 和 Mahajan（2010）研究了宏观经济因素对现金持有水平的间接影响，指出宏观经济环境对企业现金持有水平的影响并非直接作用，而是通过影响企业的运营环境、融资约束和风险预期等间接作用于现金持有决策。此外，公司特定变量（如规模、现金流波动性、财务杠杆和盈利能力）在不同宏观经济条件下对现金持有水平的影响程度存在显著差异。这一研究强调了宏观经济与公司特征之间的交互作用。江龙和刘笑松（2011）的研究探讨了经济周期对企业现金持有行为的影响。在经济繁荣时期，资本市场更加活跃，企业面临的外部融资约束较宽松。企业可以通过股权或债务融资便捷地获取资金，因此对内部现金储备的依赖程度相对较低。在经济衰退时期，资本市场活跃度下降，企业面临更高的融资成本和更严格的融资限制。为了降低潜在的流动性风险，企业通常通过增加内部现金储备来确保资金链的安全。饶品贵和张会丽（2015）发现了通货膨胀预期对现金持有水平的抑制作用。当通货膨胀预期上升时，货币的实际购买力随之下降，企业持有现金的机会成本上升。为了避免资产价值的无谓损耗，企业倾向于减少现金持有量，将闲置现金用于其他保值或增值的资产配置。

在政策环境方面，Foley等（2007）探讨了海外税收与企业现金持有量之间的关系，研究发现，二者存在显著的正相关性。美国的税收政策要求企业将海外利润汇回国内时缴纳较多的企业所得税，因此，为了规避税收成本，跨国公司更倾向于将利润留存在税率较低的海外子公司中，导致海外子公司现金持有量增加。Hanlon等（2017）的研究探讨了税收不确定性对企业流动资金持有水平的影响，发现企业在面临更高的税收不确定性时，出于税收预防性动机，倾向于持有更多的流动资金。祝继高和陆正飞（2009）探讨了货币政策对企业现金持有水平的影响。在货币政策紧缩时期，企业获取外部融资的难度显著增加，这导致企业的预防性现金持有动机增强；当货币政策趋于宽松时，企业的融资约束显著减弱，预防性现金持有动机随之弱化，企业现金持有水平呈现下降趋势。Harford等（2014）研究发现，宽松的货币政策降低了企业的外部融资成本，企业更容易通过债务或股权融资满足对资金的需求，从而减少了对现金的依赖。蔡卫星等（2015）的研究同样发现货币政策对企业现金持有水平的显著影响，特别是在紧缩货币政策环境中，企业的现金储备动机显著增强，现金持有量明显增加。王红建等（2014）的研究发现，经济政策不确定性显著提高了企业现金持有水平，尤其是在代理问题严重的企业中，这一正向关系更为显著。

在市场环境方面，Opler等（1999）指出，在资本市场发达的国家，企业可以通过外部市场快速筹集资金，减少了对现金储备的依赖。而在资本市场不完善的环境中，企业倾向于持有更多现金，以应对融资不便的状况。Almeida等（2004）的研究发现，市场竞争压力较大的企业更倾向于持有较多现金，以维持竞争优势并保障未来投资需求。这一现象在资本市场不发达、融资难度较大的环境中尤为显著。Haushalter等（2007）从产品市场竞争的视角对企业的现金持有行为进行了研究，指出在激烈的市场竞争中，企业持有充足的现金储备能够为其实施掠夺性竞争策略提供资金支持。通过降低价格、扩大市场份额或对竞争对手施压，企业可以在竞争中取得优势。尽管高水平现金持有在竞争中具有显著优势，但高现金持有水平可能诱发管理层的机会主义行为，如将资金用于低效投资或其他非生产性支出，导致资源浪费。韩忠雪和周婷婷（2011）也研究了现金持有的掠夺效应，指出企业通过现金持有实施掠夺性竞争，以获取市场份额和长期优势。在融资约束较严格的企业中，现金持有的掠夺效应表现得尤为显著。例如，制造业企业往往具有较高的资本密集度和固定成本，现金流的稳定性对于企业的生存与竞争至关重要。

2.3 现金持有的价值效应

企业现金持有对企业价值的影响是公司财务管理领域的重要议题。现有研究表明，企业现金持有行为对公司价值既可能产生正向效应，也可能带来负面影响。学者们基于不同的理论视角，如信息不对称理论和代理理论，对现金持有的价值效应展开了深入探讨，形成了相对系统的研究成果。

从融资约束的角度看，根据信息不对称理论，企业的内外部信息不对称会增加外部融资成本和不确定性，适度的现金持有量可在多方面提升企业价值。Opler等（1999）指出，现金储备能够降低外部融资的成本和限制程度，特别是在资本市场不完善或企业面临融资约束时，充足的现金持有量有助于保障投资的连续性，避免因资金不足而放弃高回报率投资项目。Faulkender和Wang（2006）的实证研究显示，持有现金的边际价值在融资受限的企业中显著高于融资条件宽松的企业，因为这些企业更依赖内部资金满足增长需求。对于融资约束较严格的企业，充足的现金持有量提供了重要的流动性缓冲，使企业能够在紧急情况下快速响应资本需求。从财务稳健性的角度看，Bates等（2009）指出，美国企业在经济波动和不确定性加剧时倾向于增加现金持有量，以确保流动性和运营的连续性。现金储备在这些情况下传递出稳定信号，提升了投资者信心。从信息不对称的角度看，Pinkowitz等（2006）强调，充足的现金持有量能够减少企业与外部投资者之间的信息不对称问题。通过持有现金，企业降低了依赖外部融资的程度，从而减少了信息披露不充分或市场定价错误带来的不利影响。Gao等（2013）的研究进一步指出，企业的现金储备不仅能够降低投资者的不确定性预期，还降低了投资者对高风险投资项目要求的风险溢价，提高了企业的资本回报率。

以代理理论为基础的研究从股东与管理者之间的利益冲突出发，强调现金持有可能引发代理问题，进而降低企业价值。自由现金流假说认为，管理者是自利的。Jensen（1986）提出的自由现金流假说认为，高水平的现金持有会导致管理层滥用企业资源，如进行低效投资或追求“帝国扩张”，从而削弱股东价值。Dittmar和Mahrt-Smith（2007）通过跨国数据验证了这一观点，他们发现，管理层在现金持有水平较高的企业中更倾向于进行过度投资或非理性并购活动，企业的资源配置效率显著下降。Ferreira和Vilela（2004）强调，高水平现金持有不仅可能带来代理问题，还会因持现成本上升而导致资本效率下降。持现成本包括机会成本（未能用于投资的收益损失）和管理成本（维护高现金储备所需的额外资源）。肖明和吴慧香（2013）指出，国有控股企业普遍存在较为严重的代理问题。管理者往往缺乏股东的强约束力，容易利用企业现金资源进行低效投资或非生产性支出，从而削弱现金持有量的正向价值效应。叶松勤和徐经长（2013）认为，在代理问题严重的企业中，管理者可能出于巩固个人权力或防止外部收购的目的，将企业现金作为防御工具。这种行为使现金持有水平不再以股东价值最大化为目标，而是服务于管理层的自利动机。管理防御行为往往与低效资源配置相关，导致现金持有量未能用于高回报率项目，影响企业整体绩效。

2.4 文献述评

董事会作为公司治理的核心，一直是学术界关注的重要研究领域，国内外学者围绕董事会职能和治理作用展开了丰富的研究。基于委托代理理论，董事会被认为是代表股东监督管理层的重要机制，能够通过奖惩、解聘等手段约束管理层的机会主义行为，从而减少股东与管理层之间的代理问题。此外，资源依赖理论强调董事会作为企业与外部信息和资源的“桥梁”，为企业提供资源与建议。从战略决策视角出发，学者们进一步扩展了董事会职能，认为董事会在企业经营战略制定和决策效率提升中发挥重要作用。学者们还进一步从董事会的规模、董事会的独立性和董事会成员特征等方面探究了董事会的治理效应。然而，这些研究主要集中在上市公司董事会对自身的治理作用上，控股股东对下属上市公司的治理研究则较为稀缺，尤其是针对央企董事会试点改革的研究更显不足。但是，现有的关于央企董事会试点改革的研究已经基于经验证据初步验证了央企董事会改革不仅能够促进央企自身内部治理结构的完善，提升央企公司治理水平，还能发挥监督作用，提升其控股上市公司的治理水平，抑制高管的自利行为，提升其控股上市公司的绩效。

企业现金持有问题同样是学术界的研究热点。作为重要的流动资产，现金不仅是企业健康运营的保障，也是代理问题的温床。基于融资优序理论，学者们发现，充足的现金储备有助于企业应对融资约束，提升企业价值。但代理理论指出，管理层可能通过过度持现增加自由裁量权，导致资源浪费。此外，治理机制的内生性问题导致现金持有水平与治理水平的关系存在争议。一些研究认为治理能力较差的企业倾向于持有更多现金，而另一些研究则发现治理能力提升可能导致现金持有量减少或增加，形成了“现金持有之谜”。

尽管关于董事会治理和企业现金持有的研究取得了丰富成果，但现有文献较少将央企董事会试点改革与企业现金持有行为相结合进行研究。央企董事会试点改革通过完善公司治理结构、强化监督能力，为改善企业现金管理行为提供了可能，然而，其对央企控股上市公司现金持有水平及相关经济后果的具体影响尚未明确。因此，本书将聚焦央企董事会试点改革这一外生事件，分析其如何通过改善公司治理水平影响控股上市公司的现金持有行为。这一研究不仅能够丰富董事会治理与现金持有领域的文献，也为政策制定者改进国有企业治理和资金管理提供了重要启示。

3

制度背景与理论基础

3.1 制度背景

我国国有企业董事会建设可以分为萌芽、试点、深化和创新融合四个阶段，体现出我国在推进公司治理现代化和市场化改革中的探索与创新。国有企业董事会建设的萌芽可追溯至1993年《中华人民共和国公司法》（以下简称《公司法》）颁布。2004年，国务院国资委启动国有企业董事会试点工作，为董事会制度在实践中的实施探索具体路径。随着国有企业混合所有制改革的推进，董事会建设进入了规范化发展阶段。在混改过程中，市场化机制的引入对董事会的独立性和专业化提出了更高的要求。国有企业董事会建设从制度创立到改革深化，不仅为企业现代化治理体系提供了实践样本，也为中国特色公司治理模式的创新与发展积累了宝贵经验。

3.1.1 推进国有企业董事会建设的萌芽阶段（1993—2003年）

1993年，随着《中共中央关于建立社会主义市场经济体制若干问题的决定》的发布，国有企业开启了现代企业治理征程，董事会建设开始萌芽。现代企业制度的基本内涵在于按照企业作为市场竞争主体的本质要求，建立起一套科学合理的治理结构和运行机制，使企业能够自主经营、自负盈亏、自我约束、自我发展。这种制度以明确的产权关系、清晰的权责分工、高效的决策机制和严格的监督体系为核心，旨在最大限度地激发企业活力和市场竞争力。

彼时，传统国有企业管理模式在计划经济向市场经济转轨进程中面临巨大挑战，构建契合市场经济规律的公司治理架构迫在眉睫。政企不分是传统计划经济管理体制的突出弊端之一。在这种体制下，企业被视为政府的附属机构，缺乏独立性和自主权，政府不仅制定宏观政策，还直接干预企业的微观运营。解决政企不分问题的关键在于推进政企分开，明确政府与企业的职能边界。政府应专注于宏观经济调控、制定市场规则和维护公平竞争；而企业则需要独立运营、自主决策，以市场为导向承担经济效益和效率目标。

《公司法》的颁布为国有企业公司制改革提供了重要的法律依据，其核心贡献之一在于明确了法人治理结构的基本框架，即股东大会、董事会和监事会的三权分立模式。这是我国法律首次以明确条款形式对董事会进行描述和定位，使董事会成为公司治理体系的核心组成部分。作为我国公司法律制度建立的标志性事件，《公司法》的颁布标志着我国公司治理迈向法治化和规范化的新阶段，同时也奠定了国有企业董事会建设的起点。

《公司法》颁布后，国务院迅速启动了相关改革试点工作，推动国有企业建立现代公司治理体系。作为这一改革的初步实践，国务院选择了100家具有代表性的企业进行公司制改革试点，以探索和验证法人治理结构的有效性和可操作性。在试点成功的基础上，全国范围内的改革逐步展开。在这一过程中，各地企业结合自身特点，积极推进公司章程的制定与修订，优化法人治理结构，形成了符合市场经济要求的现代企业治理模式。

3.1.2 推进国有企业董事会建设的试点阶段（2004—2014年）

国务院国资委成立后，将国有企业董事会建设视为国企改革中最关键、最核心的问题之一。这一战略选择源于董事会在现代企业制度中的核心地位。作为企业治理的中枢机构，董事会在战略决策、监督管理和资源整合中发挥着不可替代的作用。然而，在传统国有企业体制中，董事会的功能往往被弱化或形式化，导致企业治理结构不完善、决策效率低下以及监督机制缺失。为了改变这一局面，国务院国资委在成立之初就明确了推进国企董事会建设的目标，通过规范董事会职能分工、优化董事会成员结构以及完善运作机制等方式，强化董事会在企业治理中的核心作用。

2004年，国务院国资委发布《关于中央企业建立和完善国有独资公司董事会试点工作的通知》，标志着国有独资公司现代企业制度改革试点正式启动。这一阶段以推进董事会制度建设为核心，聚焦完善法人治理结构，为国有企业改革探索实践路径。宝钢等中央企业率先试点，通过引入超过半数的外部董事，打破了传统“内部人控制”局面，构建起以多元制衡和专业化决策为特征的董事会治理格局。在试点期间，改革逐步从个别企业向更大范围推广，覆盖了能源、通信、交通等多个关键行业。各试点企业围绕董事会的核心职能，重点探索了董事选聘、议事规则、绩效评估等治理机制，并积累了丰富的实践经验。外部董事制度在此期间逐渐生根发芽，外部董事比例的提高不仅增强了董事会的独立性，还显著提升了决策的专业性和科学性。这一时期，在试点工作持续推进的同时，国家层面在政策和理论框架上也不断深化对国企改革的顶层设计。2013年11月，党的十八届三中全会提出“以管资本为主加强国有资产监管，改革国有资本授权经营体制”，为国企改革明确了新方向。会议通过的《中共中央关于全面深化改革若干重大问题的决定》进一步指出，应通过设立若干国有资本运营公司，支持符合条件的国有企业转型为国有资本投资公司，以实现资本管理与企业运营的有效分离。这一战略决策赋予中央企业董事会改革更深远的意义，即在现代企业治理体系中，推动权责明晰的管理模式，并以更市场化的方式提高国有资本配置效率。

2014年，国务院国资委在中央企业中启动了国有资本投资、运营公司的试点工作。通过横向组合整合同类或关联业务，实现资源集中与产业协同；通过纵向压缩精简企业冗余，提高企业运营效率；通过授权放权改革赋予试点企业董事会和管理层更大的经营自主权，逐步下放出资人权力。同时，地方国资委同步开展的改革进一步扩展了国有资本投资、运营公司模式的实践范围。在政策与理论的双轮驱动下，这一阶段的改革已超越单一企业治理优化的范围，逐步发展为国有资本监管与经营体制改革的系统性探索，为下一阶段的全面推广奠定了坚实基础。这些探索也为国有企业从“管企业”向“管资本”转型提供了有力支持。

值得注意的是，在此阶段，虽然外部董事制度得以推广，但试点企业的外部董事、董事长和内部董事均由国资委委派，这使得董事会在决策过程中更多地考虑国资委的意图，独立性和市场化程度较低。此外，国有企业“一把手”负责制的传统治理模式仍然普遍存在，对董事会的规范运行构成了严重制约。在许多试点企业中，董事会的决策权未能有效落实，董事长的权力虚化现象较为突出，在有些情况下，董事会甚至沦为形式化机构。

3.1.3 全面推广深化阶段（2014—2020年）

2014—2020年是央企董事会改革的关键转折期，也是全面推广与深化改革的阶段。在这一时期，随着一系列具有战略性和操作性的指导文件的出台，改革的广度与深度达到了前所未有的水平，聚焦两个核心目标：推动混合所有制经济的发展、培育具有全球竞争力的世界一流企业。这一阶段的改革不仅深刻影响了企业治理结构，还推动了董事会的全方位重塑与革新。

混合所有制经济的发展是这一阶段改革的核心内容之一。通过引入多元化资本（包括社会资本、外资及其他非国有资本），国有企业逐步实现了股权结构的多元化，从而推动了现代企业制度的建立。同时，培育世界一流企业成为改革的战略目标之一。在全球化背景下，国家积极推动国有企业在科技创新、管理优化及国际化经营方面的全面提升，并着力将国有企业打造成为在全球产业链和价值链中占据重要地位的市场主体。

《中央企业混合所有制改革操作指引》的发布标志着混合所有制改革从顶层设计逐步走向精准实施。这一举措如同在原本相对单一的资本结构和治理格局中投下一条充满活力的“鲶鱼”，为企业带来了多元资本的活力。民营资本、外资等不同所有制性质的资本通过股权转让、增资扩股、合资新设等多种方式融入央企体系，不仅为企业提供了资金支持，还带来了对市场变化高度敏感的视角、对高效投资的理念及国际化运营的经验。这些资本的代表强势融入董事会决策体系中，推动企业治理结构深刻变革。民营资本所具有的市场化基因和对创新的敏感性，使其成为董事会战略讨论中的重要力量。民营资本的代表，尤其是有互联网和技术创新背景的董事，能够使董事会了解前沿技术趋势，加强数字经济领域的研发投入并开展跨界合作。这一变化有效打破了传统重资产、慢节奏的投资惯性，使得董事会战略决策逐步向创新驱动和风险机遇的平衡转型，更好地契合快速变化的市场竞争环境。外资凭借丰富的国际市场开拓经验和跨国经营合规能力，为董事会带来了国际视野和风险防控智慧。在海外市场准入、国际并购项目评估等事务中，外资的代表提供了对国际规则和市场动态的专业解读，如欧美反垄断审查的关键要点、新兴市场文化差异及潜在风险等。这推动了董事会决策从国内市场向全球视野的拓展，促使企业加速国际化步伐，增强全球竞争力。

在实践中，混合所有制企业董事会的建设理念是通过合理的股权配置与权责分工，确保各方股东的利益诉求得到充分表达，并通过多元化的董事会构成，实现战略决策的专业性、独立性和透明度。首先，通过引入多元股权结构，弱化大股东的绝对控制力，确保董事会公平地反映各方股东的利益，避免因单一股东过度干预而影响企业治理质量。其次，制定科学、规范的董事会议事规则，确保重大决策过程透明、公正，并对大股东及其关联方的表决权进行合理约束，从制度层面防范“一股独大”的风险。最后，通过监事会、审计委员会等治理机构的强化监督，确保董事会决策符合法律法规及公司利益，增强企业治理的透明度和有效性。

然而，在实际运行中，国有企业董事会的运作仍存在一些不规范的地方。首先，外部董事的参与深度不足。尽管外部董事制度已经在一些国有企业中实施，但在很多情况下，外部董事的作用未能得到充分发挥，未能为决策提供足够的独立性和专业性支持。部分企业外部董事仅仅是形式化存在，未能真正参与到战略讨论和决策中，导致董事会的独立性和决策质量未得到根本性提升。其次，权责分配不均衡的问题依然存在。在部分国有企业中，董事会、管理层与监事会的职责界限不明确，导致责任交叉或推诿现象严重。这种权责不清的情况削弱了治理效能，影响了企业的决策效率和执行力。董事会的部分决策权并未得到有效落实，管理层和“一把手”往往主导了企业的核心决策，董事会的作用未能得到完全发挥。

因此，国有企业董事会的规范化建设仍面临不少挑战，需要进一步优化董事会结构、完善议事规则、强化外部监督、加强权责分配的合理性，以确保董事会在推进企业治理体系和治理能力现代化建设中的核心作用能够得到充分体现。

3.1.4 多元创新融合阶段（2020—2022年）

2020—2022年，中央企业董事会改革进入新阶段，标志着中国国有企业治理体系与治理能力现代化建设迈上新台阶。在这一阶段，“国企改革三年行动”明确提出“实现董事会应建尽建、配齐建强”，董事会的权力要全面依法落实到位，成为推动改革的重要抓手。这一改革主线贯穿中央企业治理的各个环节，为企业董事会建设质量的全面跃升奠定了坚实基础。

在政策层面，《关于中央企业在完善公司治理中加强党的领导的意见》（以下简称《意见》）成为深化改革的标志性文件，提出了党建与公司治理深度融合的具体路径。《意见》通过构建“双向进入、交叉任职”的领导体制，实现党委班子成员依法进入董事会，有效嵌入企业治理结构，确保企业在战略发展中始终把牢政治方向和重大战略方向。在实践中，中央企业积极探索将党的领导融入董事会决策的“肌理”，通过完善“三重一大”事项决策机制，明确党委参与重大事项决策的程序与权限，将党的组织优势转化为企业治理效能。与此同时，制度保障与监督考核机制同步推进，“双考核”模式的实施将董事会成员的市场化业绩与党建责任落实相结合，为企业治理质量评价提供了科学依据。

作为对改革实践的进一步规范与细化，《中央企业董事会工作规则（试行）》（以下简称《规则》）被称为中央企业董事会运作的“操作手册”，从制度层面为董事会的组建、运行、监督和评价提供了全流程指导。《规则》对董事的遴选标准、职责范围及任期管理等内容进行了明确规定，强调董事会成员的专业化与多元化。在运行机制方面，《规则》规范了董事会议事程序，强化“三重一大”事项的决策制度化，确保决策的科学性和程序正义。同时，《规则》创新性地提出董事履职“积分制”评价体系，围绕参会出勤、提案质量、决策贡献及监督实效等维度对董事履职情况进行精准量化，年度评价结果直接与薪酬调整、续聘或辞退挂钩，进一步激励董事履职尽责。此外，《规则》还强化了外部董事的闭环管理，从“选、育、管、用”四个环节优化外部董事的任用机制，通过从高校学术权威、行业精英中遴选外部董事，并定期组织高端培训与前沿论坛，拓宽其视野，更新其理念，为董事会决策与监督注入独立性与专业性，构筑起董事会治理的“防火墙”。

与此同时，国资监管机构在改革进程中全面履行国有企业出资人职责，整合专司国有资产监管职责与负责党的建设职责，推动形成“管资本”与“管党建”相结合、“履行出资人职责”与“履行国资监管职责”相结合、“党内监督”与“出资人监督”相结合的多维监管体系。在此基础上，国资监管机构创新构建业务监督、综合监督、责任追究“三位一体”的出资人监督闭环，通过明确权责边界、强化动态问责，进一步提升监管效能。此外，国资监管机构通过制定统一标准、建立协同机制，推动全国国资监管“一盘棋”大格局的形成，构建覆盖全国的国资监管网络。这一大格局不仅提升了国资监管的整体效能，也为国有企业的高质量发展、国有资产的保值增值以及国家战略的有效实施提供了强有力的保障。

3.2 理论基础

3.2.1 董事会治理的相关理论

（1）委托代理理论

早在18世纪，亚当·斯密在其著作《国富论》中便关注到管理层可能出现自利行为。他指出，在所有权与管理权分离的企业中，管理者在运作股东资产时，通常不会像经营自己的财产那样投入，反而可能利用其职位权力为个人谋利。这一现象揭示了管理层自利行为的潜在风险，为后来的企业治理问题埋下了讨论的伏笔。随着工业化的深入，企业规模逐渐扩大，所有权和管理权的分离现象愈发普遍。企业所有者人数的增加导致股东在管理与监督上面临更多的限制，不仅受到个人时间与精力的制约，还面临多名所有者在决策上难以达成一致的困难。基于此，企业逐渐倾向于将经营权委托给专业的职业经理人，以期通过职业经理人的专业能力提升运营效率。这一趋势在实践中促进了公司治理结构的专业化，使得企业的日常管理更加规范、系统，同时也提高了企业的市场竞争力和长期发展潜力。

20世纪30年代，美国经济学家伯利和米恩斯（Berle and Means）对企业所有权与经营权分离的现象进行了深入探讨，他们指出，所有权和经营权的分离是现代公司治理的一个重要特征，这种分离使得企业能够充分利用职业经理人的专业能力和管理经验，从而更高效地运作。职业经理人通常具备丰富的管理知识和经验，因此在企业经营方面比大部分非专业的股东更具优势。这种分工不仅提高了公司整体的管理效率，也提高了公司在市场中的竞争力。通过将经营管理的职责委托给职业经理人，企业所有者可以把精力集中在资本投入和长期战略规划上，而无须参与具体的经营管理事务。这样一来，公司在管理层次上形成了更为专业化的分工，企业的运营和管理也更加系统化、规范化，从而有利于公司的长期发展。这种权力让渡安排为企业在追求规模扩张过程中进行复杂运营提供了有力支持，使其能够应对快速变化的市场需求，同时在竞争中占据更有利的位置。

随着经济理论的不断发展，委托代理关系的核心问题逐渐被学者们所关注。Ross（1973）通过构建经济学模型，对委托人与代理人之间的行为选择进行了深入分析。他提出，委托人与代理人之间的关系本质上是一种经济契约关系，双方通过契约约定行为规范，以确保各自的利益。在这种契约关系中，代理人作为理性经济人，通常会在满足基本职责的前提下，优先考虑自己的利益，而不总是以委托人的最大利益为出发点。正因为如此，委托人会通过契约来设定激励机制或监督措施，以减少代理人偏离预期行为的可能性，尽可能促使代理人的行为符合委托人的期望，从而实现利益的相对一致性。Ross的模型为理解委托人与代理人之间的利益冲突提供了经济学的分析框架，揭示了经济契约在协调双方利益中的重要性，为后续的委托代理理论奠定了基础。

Jensen和Meckling（1976）系统地提出了委托代理理论的基本框架，将委托人与代理人之间的关系定义为一种契约关系。在这种关系中，委托人（通常为股东）授权代理人（如管理层）代表其执行特定任务，并期待代理人按照委托人利益最大化的方向进行决策。然而，代理人作为理性经济人，通常会优先考虑自己的利益，这就为利益冲突埋下了隐患。Jensen和Meckling（1976）认为，委托代理关系的核心在于双方通过契约明确各自的职责和权利，但由于信息不对称和目标差异，代理人可能在实际执行过程中偏离委托人预期的方向。因此，委托人为了控制和引导代理人的行为，通常会采取激励、监督等措施，以确保代理人在一定程度上维护委托人的利益。尽管如此，代理人的行为与委托人的利益之间仍然不可避免地出现偏差，带来了所谓的代理成本。

在Jensen和Meckling的框架下，代理成本分为三类：第一，监督费用。委托人为了防止代理人偏离目标而采取了监督行为，如审计、绩效考核等，这些措施需要支付相应的成本。第二，保证费用。代理人为了获得委托人的信任，可能要提供一定的保证或抵押，以证明自己不会违背契约的要求，这也会带来额外的成本。第三，剩余损失。即便采取了监督和激励措施，代理人的行为仍无法完全符合委托人的预期，导致了委托人利益的部分损失。

随着企业规模的扩大和企业结构的发展，委托代理理论在现代公司治理中得到了广泛应用。委托代理理论不仅适用于股东与管理层之间的关系，还适用于企业内外部其他层次的利益相关者关系，如公司与债权人、供应商和客户之间的关系。

在公司治理层面，委托代理理论支持激励机制的设计。Jensen 和 Murphy（1990）的研究表明，激励机制能够有效缓解委托人和代理人之间的利益冲突，特别是在高层管理激励中，通过薪酬、奖金和股票期权等方式激励代理人为股东利益服务。此外，委托代理理论还促使企业建立更加透明的信息披露制度，以减缓信息不对称所带来的利益偏差。信息披露包括财务报告、内部控制制度、公司治理架构等，旨在使委托人更好地了解代理人的行为，减少双方的利益冲突。

委托代理理论在后续发展中拓展了两个关键概念：逆向选择和道德风险。Akerlof（1970）首次提出了“逆向选择”概念，指出在信息不对称的情况下，委托人难以全面了解代理人的信息，这可能导致委托人选择不合适的代理人。Fama 和 Jensen（1983）在其研究中指出，通过合理的激励制度设计和公司控制权安排，可以有效减少代理问题，并提高企业治理的效率。学者们进一步构建了动态委托代理模型，认为委托人和代理人之间的关系是一个持续的过程，双方的行为和激励需求会随着时间和市场环境的变化而不断调整。动态模型认为，在长期合作中，委托人可以通过绩效奖励、责任分配等方式逐步减少代理成本，实现双方利益的更大一致性。

委托代理理论分析了股东与管理者之间的关系，指出在股权相对分散的情况下，单个股东难以有效监督管理层，导致管理层拥有更大的空间实施自利行为。这种现象被称为“内部人控制”。然而，随着市场和公司治理结构的变化，股权分散的前提在很多情况下不再成立。越来越多的企业采用了股权集中结构，尤其是在家族企业、战略性控股企业和国有企业中，控股股东的持股比例较高，能够对公司决策产生直接的影响。这种股权集中的结构使得控股股东可以发挥更大的监督作用，从而减少了股东与管理层之间的代理问题，因为控股股东的利益直接与企业的长期发展相联系，因而控股股东能更有效地约束管理层的行为，进而减少管理层的自利行为（Shleifer and Vishny，1986）。

然而，股权集中并未完全消除代理问题，只是代理问题的形式发生了变化。在股权高度集中的情况下，代理问题可能从传统的“股东-管理层”关系转移到“控股股东-中小股东”关系上。控股股东在享有较大控制权的同时，也倾向于通过构建金字塔结构、发行同股不同权的股票、交叉持股等手段谋取私利，损害中小股东的权益（LaPorta et al.，1999）。因此，股权集中并没有消除代理问题，而是将问题的焦点转向如何保护中小股东的权益，避免控股股东的利益操纵和资源转移。

委托代理理论对股东与管理层之间、控股股东与中小股东之间关系的分析，为理解我国国有企业的代理问题奠定了坚实的理论基础。一方面，在我国全民所有制下，国有资产的所有权由全体公民共同拥有，但实际的所有权行使被委托给政府，政府再通过多级委托逐步传递，最终由国有企业的管理层负责具体经营决策。这种层层委托的结构存在信息不对称和监督链条长等问题，进一步加大了代理成本和代理风险。首先，政府作为委托人，通常通过委派的官员对国有企业进行管理和监督。然而，政府官员的薪酬与其对国有企业监督的有效性并不直接挂钩，导致监督激励不足，这种结构性问题导致了所有者缺位现象，即国有企业的实际所有者缺乏直接控制权。其次，在国有企业中，由于管理层拥有最大的决策权，形成了较高的代理成本，体现为政府与国有企业管理者之间委托代理关系的内在矛盾。另一方面，相比单纯追求经济利益最大化的自然人或家族股东，政府的决策不仅包含经济效益，还涵盖社会稳定、就业保障、产业结构优化等多种公共政策目标。这种多元化目标使得政府在国有企业治理中不总是以企业经济利益最大化为第一考量。此外，政府的多元化目标导致其在与国有企业管理层的委托代理关系中难以形成单一、明确的激励机制。这种模糊的激励方向使管理层在实际经营中难以获得明确的绩效标准，从而可能选择性地执行对自身有利的决策。

因此，委托代理理论在分析我国国有企业治理问题中具有重要的解释力，从中可以看出，在缺乏有效激励和监督的情况下，国有企业管理层的权力相对较大，这也导致代理问题和“内部人控制”问题频发。要解决此类问题，就要在治理结构上强化政府监督、增强激励机制，使代理人的行为尽量符合委托人的利益，以降低代理成本和提升国有企业管理效率。

（2）公司治理理论

委托代理关系的存在导致了代理问题的产生，促使经营实践和理论研究开始探讨通过构建某种制度来降低代理成本的可能性。在现实中，代理人与委托人之间信息不对称、环境不确定性和决策过程的复杂性，使得任何试图通过“完全契约”来规范行为的方式都难以实现。管理层可能利用契约中的“空白”来实施自利行为，从而损害委托人（通常是股东）的利益。因此，学者们意识到，必须设计出能够适应不完全契约环境的制度，以弥补契约不完备带来的治理缺陷。这一转变促使人们探索公司治理制度中更灵活和适应性更强的治理结构，包括监督和激励机制等多种制度安排。

Williamson（1975）较早提出了“治理结构”这一概念，他认为治理结构是一种旨在解决代理问题的制度安排。治理结构是指一套能够规范和约束代理人行为的框架，通过合理的权力分配和监督机制来减少代理人可能的机会主义行为。Williamson（1975）认为，治理结构不仅仅是单一的监督或激励措施，而是包含多种机制和安排的综合系统，旨在降低企业内部的交易成本，防范管理层的自利行为，从而维护委托人（股东）的利益。随后，Shleifer和Vishny（1997）在研究中进一步明确了公司治理的定义，指出公司治理是股东为确保其投资获得回报而建立的一种制度保障。根据这一定义，公司治理的核心任务在于设计和执行一系列的制度和机制，以确保股东在将管理权委托给公司高管后，能够有效监督和控制管理层的行为，防止其利用职权进行自利行为。通过这一定义，Shleifer和Vishny（1997）的研究将公司治理的重点放在了股东利益最大化上，为公司治理提供了更为清晰的理论基础，明确了治理机制是股东控制管理层行为、减少代理问题、保护投资回报的核心手段。这一视角成为后来公司治理研究的关键方向，并在实践中指导了企业如何建立健全的治理制度。

公司治理可以从内部治理和外部治理两个方面进行分类。

首先是内部治理。内部治理的有效性在很大程度上依赖于合理的企业制度安排，这些安排旨在直接解决两个主要的利益冲突：一是股东与管理层之间的利益冲突；二是控股股东与中小股东之间的利益冲突。

一方面，合理的股权结构安排是实现有效内部治理的重要途径。其中，股权集中度较高的公司通常能够强化对管理层的监督效果。主要股东在持有大量股份时，拥有更强的动机和资源去关注公司的管理和决策，以确保其利益不受管理层代理问题的损害（罗宏、黄婉，2020）。这种监督作用可以显著降低管理层进行机会主义行为的可能性。股权类型的多元化也是增强内部治理的一项重要因素。多元化的股权结构不仅可以通过引入不同的利益相关方来优化公司决策，还能够在一定程度上限制单一大股东或管理层的权力滥用。另一方面，设立正式组织机构并合理分配权责，企业能够在内部形成有效的监督与激励机制，为公司治理提供稳定的制度保障。治理机构是公司内部治理的重要支柱，主要包括股东大会、董事会和监事会，其中尤为重要的是董事会，它在公司治理结构中起着核心作用。董事会在公司治理中具有双重角色：作为股东大会的代理人，董事会承担着将股东大会的意图转化为公司具体战略和行动的责任，负责代表股东制定和执行公司的重要战略决策。董事会的另一个重要职能是监督管理层的行为，以防止代理问题的发生。董事会通过审计委员会、薪酬委员会和提名委员会等附属机构，监督公司财务活动、制订高管薪酬计划，并评价管理层的绩效。

其次是外部治理。外部治理不同于内部治理，其通过外部约束机制作用于公司管理层与股东之间的行为，旨在确保企业行为符合市场规范，提高资本市场的透明度与效率。相较于内部治理，外部治理更依赖于市场环境和外部制度体系的支持，其有效性通常受到政治与经济环境、法律制度以及市场竞争程度等多重因素的影响。

政治稳定性和良好的经济政策对于促进投资者信心和抑制管理层机会主义行为具有关键作用。Shleifer 和 Vishny（1997）指出，稳定的政治环境能够降低企业面临的不确定性，从而减少管理层利用信息不对称或资源滥用的可能性。相反，政治环境的动荡和经济的波动会削弱外部治理的效果，增加企业的不确定性，并削弱市场对企业行为的约束力。这种环境下，股东和投资者更难以评估企业的真实价值，治理机制也更容易失效。

具有现代化公司治理体系的国有企业并非历史发展的必然结果，而是我国经济体制改革中的一项伟大实践。这一治理体系的形成，不仅是理论指导与实践创新相结合的成果，也是对传统计划经济治理模式的一次创新性发展，更是社会主义市场经济制度不断完善的产物。随着我国社会主义市场经济体制的确立与深入发展，国有企业的治理水平不仅直接关系到企业自身的运营效率和市场竞争力，还深刻影响着国家经济发展的整体质量和社会资源的优化配置。在借鉴西方公司治理理论的基础上，构建中国特色的国有企业公司治理体系，需要充分认识国有企业的特殊性及其面临的现实挑战。与私营企业不同，国有企业在产权结构、企业目标以及外部约束条件等方面具有鲜明的特点。尽管近年来我国在推进国有企业改革和治理体系现代化方面取得了显著成效，但依然存在一些亟待解决的问题。作为国家资本的代表，国有企业不仅需要追求经济效益，还承担着促进社会公平、提供公共服务等多重目标。这种多元化目标体系使得国有企业的治理过程更加复杂，面临更大的协调难度。此外，国有企业的产权结构对其治理模式产生了深远的影响。由于国家作为大股东，往往存在代理问题以及多层级的委托代理关系。这种结构使企业内部权力运行机制更为复杂，同时也加剧了信息不对称问题，从而限制了治理效率的提升。因此，构建科学合理的国有企业治理体系，不仅是实现治理现代化的重要步骤，也是提升企业治理效率、降低代理成本的关键所在。这一体系的构建需要在理论借鉴与实际应用中找到平衡点，既要吸收西方治理理论的精髓，又要充分结合我国国有企业的现实需求和独特特性，探索出一条适应中国经济环境的治理路径。

（3）政府干预理论

政府干预理论是经济学和公共政策领域的重要研究内容，其理论基础主要围绕市场失灵、公共利益，以及效率与公平的权衡展开。通过探讨市场机制运行中的局限性和政府在经济活动中的作用，这一理论为理解和设计公共政策提供了理论支撑。

市场失灵理论是政府干预理论的逻辑起点，强调市场机制在某些情况下无法有效配置资源，从而为政府干预提供了理论依据。市场失灵理论揭示了市场机制在外部性、公共物品、信息不对称和市场垄断等方面的固有缺陷。外部性指经济活动的成本或收益未能通过市场价格机制内部化。例如，污染排放等负外部性导致社会成本高于私人成本，而研发创新等正外部性使社会收益高于私人收益。在此情况下，政府通过税收、补贴或规制干预可以促进外部性的内部化，从而提高社会福利。公共物品具有非排他性和非竞争性特征，如国防、公共安全和基础科研。这类物品因“搭便车”问题难以通过市场机制提供，政府需要通过税收筹资和直接提供的方式满足社会需求。信息不对称在市场交易中会导致逆向选择和道德风险问题。例如，保险市场中投保人和保险公司之间信息不对称可能导致市场失灵。政府通过强制信息披露、建立监管机制等干预措施可以缓解信息不对称的影响。当市场缺乏有效竞争时，垄断企业可能通过提高价格或限制产量以谋取超额利润，导致资源配置效率降低。政府通过反垄断法和市场规制可以恢复市场竞争，提高社会福利。

亚当·斯密在《国富论》中对“看不见的手”的深入研究，为市场经济理论奠定了基础。这一理论的核心在于，个体的经济行为通过市场价格机制的引导，实现了资源的优化配置。个体生产者为了获取最大化收益，会努力提升效率、改进技术或降低成本，这些行为在市场竞争中不仅提高了产品和服务的质量，还降低了价格，从而使消费者也能从中受益。因此，在“看不见的手”的作用下，个人利益的追求和社会整体利益的提升形成了某种程度的统一。经济自由主义主张市场具有自发调节的内在机制，能够通过价格信号和竞争机制实现资源的最优配置。这一理论认为，市场中的个体经济行为在追求自身利益的同时，无意间也推动了社会整体福利的提升（亚当·斯密的“看不见的手”是其核心思想）。在经济自由主义者看来，市场的自发性和效率源于其开放性、竞争性和信息的自由流动，而政府的干预可能削弱这些关键特征。然而，经济自由主义存在局限性。经济自由主义主张市场具有自我修复的能力，即便出现短期的波动，市场最终会通过价格机制、竞争与供需调整恢复均衡，但是，大萧条期间的经济表现严重背离了这一假设。美国等资本主义国家经历了长期的高失业率、需求严重不足以及持续的经济萎缩，市场的“自发调节”能力未能显现，反而陷入了一种“停滞与恶化”的循环。

大萧条的爆发为凯恩斯主义的诞生提供了理论背景。约翰·梅纳德·凯恩斯在其经典著作《就业、利息和货币通论》（1936）中对经济自由主义提出了批判，并开创性地提出通过政府干预来调节经济波动的思想。凯恩斯主义的核心观点在于，市场机制无法自动解决“有效需求不足”导致的经济萎缩，政府应通过宏观调控手段介入经济运行。尽管大萧条时期凯恩斯主义取代了经济自由主义的主导地位，但自由主义并未完全退出历史舞台，而是在经历反思和调整后融入现代经济理论。20世纪70年代，凯恩斯主义因“滞胀”问题的出现受到挑战，市场再次成为经济政策的中心议题。新自由主义者（如弗里德曼）重新强调市场机制的重要性，但也主张适度的政府作用以维护市场秩序和货币稳定。历史经验反复证明，单纯笃信经济自由主义或国家干预主义的正确性，都会导致新的问题。经济治理的现实需求不是选择市场或政府的“非此即彼”，而是找到二者的最优组合点。在这一过程中，科学合理地界定市场和政府的功能边界，通过二者的协调配合，才能有效应对现代经济的复杂挑战，推动经济的可持续发展，实现社会整体福利的最大化。

Shleifer和Vishny（1997）较早探讨了政府对企业行为的具体影响，从企业治理的角度分析了政府干预所带来的问题。在其研究中，一个典型案例是企业在政治压力下被迫雇佣超额员工以缓解社会就业问题。尽管此类政策可能在短期内实现降低失业率等社会目标，但却显著加重了企业负担，导致资源配置效率下降，削弱了企业实现长期盈利和价值提升的能力。他们指出，政府官员的决策往往更加注重社会和政治效益，而忽视企业在市场竞争中的实际需求，这种决策逻辑与企业管理层致力于实现股东价值最大化的目标之间存在显著冲突。此外，Faccio（2006）进一步探讨了拥有政治联系的企业在政府干预中的特殊表现。他指出，尽管这些企业可能从政治联系中获得多种优势，例如政策倾斜、融资便利或市场准入，但由于寻租成本的存在，其收益在很大程度上可能被抵消，甚至导致企业净收益为负。具体而言，为维护政治联系，企业可能需要以合法或非法形式向政治人物或官员支付费用，包括金钱、股份或职位等。这种直接成本不仅占用企业资源，还降低其盈利能力。此外，企业通常需要向政府或其他利益相关者让渡部分利润或资源，以换取政策支持或市场优势。这种资源转移不仅损害了企业的经济效益，还可能削弱其长期竞争力。上述研究从"掠夺之手"（Grabbing Hand of Government）视角揭示了政府干预的潜在负面效应，即政府通过寻租或政策干预对企业资源进行过度攫取，最终导致市场机制扭曲和效率损失。然而，这一理论也存在局限性。并非所有政府干预都源于寻租或掠夺动机，在市场失灵、公共服务供给等方面，政府仍然扮演着不可或缺的重要角色。为此，学术界对"掠夺之手"理论进行了丰富和拓展，提出了"帮助之手"（Helping Hand of Government）理论作为补充视角。与"掠夺之手"相对，"帮助之手"理论强调政府在弥补市场失灵、推动技术创新和促进社会公平等方面的积极作用。合理的政府干预能够通过制定公平的市场规则、提供公共产品、支持创新产业等方式优化市场环境，从而提升社会整体福利。总之，尽管政府干预可能带来一系列问题，但其合理设计与有效实施对市场经济的健康运行具有重要意义。如何在市场与政府之间找到适当的平衡点，既避免过度干预，又充分发挥政府的积极作用，是经济治理中亟待解决的核心议题。

中国的改革开放采取了"渐进式"市场化路径，通过政府的主动设计与引导，逐步将资源配置的决定性权力从计划经济体系转移到市场。在这一模式下，市场机制的作用逐步增强，而政府则充当“助推者”，通过政策与制度创新，为市场化改革的顺利推进提供保障。这一改革路径表明，市场与政府并非非此即彼的对立关系，而是可以通过协同互动实现资源配置的最优化（胡乐明，2018）。转轨经济体通常试图通过政企分开改革改变传统计划经济体制下政府对企业的直接控制，从而赋予国有企业更大的自主经营权（Chen et al.， 2011）。尽管这些改革在完善企业治理结构和提升市场化水平方面取得了一定成效，但由于政府作为国有企业最大股东的特殊身份，其对企业的深远影响依然显著。政府在这一双重角色中既是资源分配者，又是企业决策的参与者。这种多重身份导致完全实现政企分开的目标变得复杂而困难。尽管政府干预在转轨经济体中具有一定的历史合理性和现实必要性，尤其是在应对经济危机或培育战略性产业时，政府的引导作用能够促进资源集中和效率提升，但长期来看，强烈的政府干预可能对国有企业的市场化改革和竞争力提升产生显著制约。研究表明，较强的政府干预通常会降低国有企业的投资效率。例如，李延喜等（2015）的研究发现，政府干预可能促使国有企业承担大量政策性投资项目，导致资源配置效率下降。此外，覃家琦等（2016）指出，政府的干预显著影响了国有企业的融资决策，表现为融资偏好异化、融资效率下降以及资本配置的不均衡。在这一背景下，优化政府与国有企业的关系，厘清二者在市场化改革中的职责分工，成为提高经济效率和企业竞争力的关键任务。具体而言，未来改革的重点在于减少政府对国有企业经营管理的直接干预，强化市场在资源配置中的决定性作用，并通过完善公司治理、推动要素市场化改革和建立公平竞争环境来释放国有企业的内在潜力。这一过程不仅有助于实现国有企业的转型升级，也为经济转型提供了重要的实践路径。可以预见，构建更加平衡、高效的政府与市场关系，将成为国有企业改革深化和经济转型发展的必由之路。

（4）集团管控理论

集团管控理论是企业集团管理实践的重要研究领域，其理论基础主要涵盖企业集团的特性、母子公司关系、资源整合与协同效应、组织架构与治理机制，以及战略与运营的统一性等多个方面。企业集团通常包括母公司、子公司以及其他关联实体，这种多层次结构带来决策链条的延长与管理复杂性的增加。集团管控的核心任务之一是协调不同层级之间的目标，确保资源高效配置和战略一致性。母公司对子公司的控制是集团管控的重要内容。母子公司之间的关系可能表现为高度集中控制，也可能具有较大的自主性。在管控实践中，需要在集中与分权之间找到适当的平衡，以兼顾效率和灵活性。

代理理论为集团管控理论提供了重要的分析框架，特别是在母公司对子公司管理中的权责分配和监督问题方面。母公司与子公司之间的关系本质上是一种委托代理关系。母公司作为股东代表，需要对子公司管理层进行监督，以确保其决策符合集团整体战略。然而，由于信息不对称，子公司可能倾向于追求自身利益最大化，而非集团整体利益（Jensen and Meckling，1976）。为解决这一代理问题，母公司需要设计科学的管控机制，例如通过财务监控、业绩考核和激励机制等手段提高子公司的透明度与执行力。同时，还需防范“内部人控制”现象，确保集团战略意图能够得到有效贯彻。

资源基础观（Resource-Based View，RBV）是集团管控理论的另一个重要理论基础。RBV 强调集团管控应围绕资源共享与协同效应展开。企业集团通过资源共享（如资本、技术、品牌等），可以实现规模经济和范围经济，从而增强竞争优势。这要求母公司对子公司进行统一规划与资源配置，避免子公司之间出现重复投资或资源内耗。

集团管控的目标之一是通过整合子公司的资源与能力，创造整体协同效应。例如，在跨国企业集团中，母公司可以利用全球资源网络优化生产要素的配置，从而提升集团整体竞争力。

组织理论为集团管控模式的选择与组织架构的设计提供了理论依据。不同的集团管控模式在集权与分权之间存在权重差异。集权模式强调母公司对子公司实施严格控制，适用于战略统一性要求较高的行业；而分权模式则赋予子公司更多的自主权，适用于多元化程度较高的企业集团。企业集团通常采用矩阵式、事业部制或区域制等复杂的组织架构，管控的重点在于通过合理设计流程与权限，确保战略目标与执行效果的高度一致。此外，企业文化与价值观也是集团管控的重要工具。通过塑造统一的价值观和强化文化认同，母公司能够在减少直接干预的情况下有效引导子公司的行为和决策。这一软性管理手段可以在多元化的集团内促进协同效应，同时提升子公司对集团战略的执行能力。

集团管控的核心目标是确保集团整体战略与子公司运营之间的高度统一性。母公司需要将集团战略分解为具体的业务目标，并通过子公司实现战略落地。管控的关键在于将战略目标转化为可量化的运营指标，从而确保子公司活动服务于集团整体目标。在多元化集团中，母公司需妥善处理不同业务单元之间的资源竞争与协同问题；而在专业化集团中，管控的重心则是对子公司核心业务的深度支持与引导。

中国国有企业集团的形成具有显著的政策驱动特征，即在政府主导下，通过行政命令推动大型国有企业之间的兼并、整合与资产重组，旨在优化资源配置、实现规模经济效应，从而增强国有企业在国内外市场中的竞争力。这种“自上而下”的形成机制，与西方企业集团通过市场竞争、资本积累和企业自主发展形成的“自下而上”模式存在本质差异。西方企业集团通常通过市场化手段扩展规模，并以股东利益最大化为核心目标；而中国国有企业集团则更多地体现国家战略目标和政策意图，在管控机制与战略实施方面呈现出较强的行政化特征。

通过对代理理论、资源基础观和组织理论的综合运用，可以更好地分析和优化国有企业集团的管控模式。未来，如何在保持集团战略一致性的同时提升子公司的自主经营能力，将是推动国有企业集团实现高质量发展的关键议题。在中国，国有企业集团的资源配置通常集中于战略性行业或资源密集型领域，如能源、通信、金融和基础设施。这些领域不仅是国家经济发展的支柱产业，也是实现政府政策目标的重要工具。这种战略导向的资源配置模式在西方企业集团中较为少见。相较之下，西方企业集团通常以股东利益最大化为核心治理目标，强调市场化的内部治理结构和外部竞争压力。中国国有企业集团的治理模式则更加强调政府政策意图的贯彻和国家战略的执行。例如，在集团决策过程中，政府政策目标往往优先于企业的市场化需求，这在一定程度上导致集团内部治理呈现较强的行政化特征。随着市场化改革的不断深化，国有企业集团在追求高效管控的同时，也逐步面临如何平衡集权与分权这一关键问题。过度强调集权管理可能对子公司自主经营能力形成显著阻碍，削弱子公司应对市场变化的灵活性，进而影响集团整体竞争力。为解决这一矛盾，国有企业集团需要在集权与分权之间找到适宜的平衡点，以实现管控效率与运营灵活性的统一。

在这一过程中，公司治理发挥着重要的基础性作用。合理的治理机制能够清晰界定母公司与子公司之间的权责边界，规范决策流程，并通过监督与激励机制的完善，提升母公司监督的有效性，同时保障子公司的自主经营能力。通过科学的授权机制和透明的绩效考核体系，可以在确保母公司对子公司实施有效战略指导的同时，激发子公司的经营活力和创新能力。未来，根据不同子公司的具体需求和外部市场环境优化管控模式，将成为完善国有企业集团治理体系的重要方向。这不仅是推动国有企业改革走向深入的核心议题，也是实现经济高质量发展的关键环节。通过构建科学的治理结构、平衡集权与分权的关系，国有企业集团将能够在更大范围内释放市场潜力，增强其国际竞争力和可持续发展能力。

（5）信息不对称理论

信息不对称理论（Theory of Information Asymmetry）由Akerlof、Spence和Stiglitz等学者在20世纪70年代提出，是现代经济学的重要理论之一，揭示了市场交易中由于交易双方掌握信息的不对称性所导致的市场失灵问题。这一理论指出，在实际经济活动中，交易各方往往无法掌握完全对等的信息，信息占优的一方能够利用信息优势影响交易结果，甚至引发市场效率下降。信息不对称广泛存在于经济活动的各个领域，对市场机制、资源配置和经济主体行为产生深远影响。

信息不对称理论基于以下几个理论背景。首先，传统经济学假设市场主体能够掌握完全信息，从而做出理性决策。然而，这一假设在现实中难以成立，许多市场参与者因为信息掌握的不对称性，难以有效评估交易对象的真实价值。Akerlof（1970）通过“柠檬市场”模型指出，当卖方掌握更多的产品质量信息时，买方由于信息不足倾向于低估产品价值，从而导致优质产品退出市场，引发市场失灵。其次，信息不对称理论受到行为经济学的启发，认识到决策并非完全理性，而是受到信息差异和有限认知能力的制约，这进一步丰富了经济学对市场行为的分析。最后，该理论与契约理论密切相关，特别是在委托代理关系中，信息不对称容易引发“逆向选择”和“道德风险”问题。例如，保险市场中高风险个体更倾向于购买保险（逆向选择），而投保人因获得保险保障而降低谨慎行为（道德风险）。

信息不对称的核心思想集中在交易双方因信息不对称而引发的行为差异。逆向选择是信息不对称的重要表现形式，指信息掌握较少的一方难以识别对方的真实特性，导致高质量产品或高能力个体被市场排除，市场质量整体下滑。此外，道德风险则发生在交易完成之后，由于信息劣势方无法完全监督对方的行为，占优方可能改变行为以最大化自身利益。例如，公司股东因管理层掌握更多运营信息而难以监督其经营行为，这可能导致管理层为追求短期利益而损害长期价值。

为缓解信息不对称问题，经济主体通常采取信号传递、筛选和激励相容等机制。信号传递是指信息占优方通过特定行为向信息劣势方证明其能力或产品质量。信息不对称理论广泛应用于多个领域，特别是在市场机制、公司治理和金融市场中。Akerlof的“柠檬市场”模型揭示了信息不对称对产品市场的破坏性影响，如二手车市场因买方难以判断质量而导致优质车退出。公司治理中，股东与管理层之间的信息不对称常引发代理问题，管理层可能利用信息优势追求自身利益，通过完善治理结构、引入外部监督和设计激励机制可以缓解这些问题。金融市场中，借款人往往掌握更多自身信用风险的信息，而金融机构则通过征信系统和担保机制降低信息劣势的影响。此外，公共政策领域的信息不对称研究为制定合理的社会保障制度提供了理论依据，例如避免低效福利滥用和政策资源错配。尽管信息不对称理论揭示了许多市场失灵现象及其解决方法，但该理论仍存在一些局限性，例如对动态信息变化和非理性行为的分析不足。同时，解决信息不对称的机制往往需要较高的成本，对小规模市场主体可能不适用。

本书的研究与信息不对称理论有较强的关联。信息不对称理论揭示了在经济活动中因信息掌握程度的不平等所导致的决策差异和市场失灵问题。在央企治理中，董事会作为核心决策和监督机构，承担着协调股东（主要为国家）与管理层之间委托代理关系的重要职能。央企董事会改革在一定程度上旨在通过优化治理结构和提升监督能力，缓解股东与管理层之间的信息不对称问题。信息不对称理论中的“筛选”和“信号传递”机制在央企董事会改革中得到了具体体现。首先，通过引入外部董事特别是具有财务、战略、管理等专业背景的高水平独立董事，央企能够提升董事会的信息获取和分析能力，形成对管理层更有效的监督。这种行为本质上是一种筛选机制，通过提升董事会成员的专业性和独立性来缓解信息劣势。其次，外部董事的引入也向市场和公众传递了央企治理规范化的积极信号，提升了央企的透明度和公众信任度。此外，对于具有国际化业务的央企，改革强调从境外知名企业中选聘具有跨国经营经验的外部董事，这不仅增强了企业在国际市场中的信息获取能力，还帮助其更好地应对跨文化和跨法律体系下的信息不对称问题。

3.2.2 企业现金持有的相关理论

（1）融资优序理论

融资优序理论（Pecking Order Theory）作为解释公司融资行为的经典理论，基于公司在筹资时对不同融资偏好的观察，提出了公司融资行为的优先级排序原则。该理论认为，企业融资决策具有固定的优先顺序，即公司首先选择内部融资，其次是债务融资，最后才会考虑股权融资。这种融资偏好主要源自企业对信息不对称问题和融资成本的考量（Myers and Majluf，1984）。

20世纪50至60年代，经济学家初步认识到信息不对称对企业融资决策的重要性。当公司管理层比外部投资者掌握更多的企业内部信息时，信息的不对称性使得外部投资者难以准确评估公司的实际价值。这种信息不对称会使外部投资者担心管理层会高估企业的价值，从而抬高融资成本（Akerlof，1970）。因此，为了规避信息不对称带来的不确定性，公司更倾向于选择能够避免信息外泄的融资方式。此背景为融资优序理论的发展奠定了基础。

梅耶斯（Myers）和马基卢夫（Majluf）在1984年的研究中正式提出了融资优序理论的核心框架（Myers and Majluf，1984）。梅耶斯和马基卢夫认为，融资优序理论的核心原则是尽量降低融资成本。在信息不对称的环境下，不同的融资方式会产生不同的交易成本，因此，企业在融资时会遵循“成本最低优先”的原则，即按照从内源到外源的顺序依次选择融资方式。这一顺序通常从内部积累的资金（如未分配利润）开始，其次是债务融资，最后才是股权融资。这种顺序选择的依据是信息不对称对不同融资方式带来的交易成本的影响。由于公司管理层比外部投资者拥有更多的内部信息，外部投资者在估计公司价值时容易受到信息不对称的影响。这种不对称会增加外部融资的成本，在股权融资中尤为显著。外部投资者可能因为不完全了解公司的真实财务状况而怀疑公司管理层可能高估了公司价值，这导致公司在进行股权融资时，可能面临更高的交易成本甚至市场价格的波动。因此，企业会优先选择内部资金，其次是债务融资，避免通过股权融资向市场传递潜在的负面信号。这种由内向外的融资顺序使公司在信息不对称的环境下，能够尽量降低融资成本，保持资本结构的稳定性。当内部和债务融资无法满足资金需求时，公司才会选择股权融资。这是因为股权融资在市场上更容易引发外部投资者对公司价值的疑虑（即担心股价被高估），从而导致股价下跌并增加融资成本。因此，股权融资在融资顺序中居于末位。

基于梅耶斯和马基卢夫的融资优序理论，哈里斯（Harris）和拉维（Raviv）在20世纪80年代末至90年代初扩展了理论框架，引入了“代理问题”这一影响因素。他们指出，企业管理层和股东之间的利益不一致，也会影响融资决策顺序。这种代理问题加剧了信息不对称的负面效应。具体来说，管理层出于保护控制权和保留管理自主权的动机，可能更倾向于债务融资，因为债务融资不会稀释股东的控制权。哈里斯和拉维的模型显示，代理成本的存在促使管理层在融资决策上偏向不会分散控制权的债务融资方式，即使股权融资可能成本更低。代理问题的引入不仅解释了管理层为何在一定情况下偏离融资优序，还使得理论适用于代理成本较高的公司，特别是管理层权力较大的公司。哈里斯和拉维的研究表明，代理成本的存在使公司在资本结构选择中更加谨慎，这进一步解释了企业资本结构的形成原因。代理成本促使公司在资本结构上更倾向于不稀释控制权的融资方式，这一结论扩展了融资优序理论的应用范围。

进入21世纪，研究者们逐渐认识到融资优序理论并非静态框架，而是具有动态调整的可能。特别是企业在生命周期的不同阶段、不同的市场条件下，其融资策略会发生变化，这一新认识促成了动态融资优序理论（Dynamic Pecking Order Theory）的提出。动态融资优序理论认为，公司在不同生命周期阶段的财务状况和资本市场环境各不相同，这种差异会导致融资顺序的动态调整。例如，公司在发展的早期阶段，由于内部资金积累不足和风险较高，可能会更依赖股权融资。而在公司进入成熟阶段后，管理层倾向于利用内部积累的资金和债务融资，以降低稀释风险、优化资本结构。因此，动态融资优序理论解释了传统理论难以解释的现象，使融资优序理论更适应实际融资行为。在动态融资优序理论的基础上，行为金融学的引入为融资优序理论提供了新的分析视角。行为金融学指出，公司管理层的融资决策不仅受经济因素影响，还受到心理和行为因素的影响。管理层的“认知偏差”“风险偏好”“市场情绪”等因素也在融资决策中发挥重要作用。行为金融学的引入补充了传统融资优序理论的不足，揭示了融资顺序在管理层心理动机、市场情绪和认知偏差等影响下的动态特性。

现金持有的融资优序理论（Cash Holding Pecking Order Theory）是对传统融资优序理论的扩展，进一步细化了企业在面临资金需求时的融资偏好和决策顺序。该理论提出，企业在资金需求出现时，首先会优先动用所持有的现金储备来满足流动性需求，其次才会选择债务融资或股权融资。这一优先顺序的选择基于现金持有可以有效缓解外部融资的成本和信息不对称风险，同时为企业提供更高的财务灵活性。传统融资优序理论主张公司在筹资时会优先选择内源性资金，而现金持有的融资优序理论将“现金”视为企业最直接的内源性资金。现金持有进一步强化了企业在面临流动性需求时的顺序偏好，使得企业即便在内部资金不足时，仍可通过现金持有优先满足资金需求，而不是直接转向债务或股权融资。这一扩展也为理论的适用性提供了更现实的解释。现金持有的融资优序理论在信息不对称性较高的企业和周期性波动较大的行业中更为适用。对于这些企业而言，外部融资成本较高，而现金持有的优先使用可以避免高昂的外部融资费用。例如，技术密集型企业由于研发和扩展需求较大，更倾向于保持一定的现金储备以应对不确定性，而不是频繁依赖外部融资。此外，经济周期较强的行业，如制造业或原材料行业，也通常会通过现金持有来增强其财务稳定性和抗风险能力。

融资优序理论作为资本结构研究的经典理论，为理解企业融资行为提供了重要框架。随着公司治理理论的发展，哈里斯和拉维通过引入代理问题，丰富了融资优序理论的内涵，揭示了代理成本对融资选择的影响。进入21世纪，动态融资优序理论和行为金融学的引入使融资优序理论更加灵活，能够解释不同生命周期、不同市场条件下的融资选择。现金持有的融资优序理论进一步扩展了该理论的适用性，使其在复杂市场环境中具有更强的解释力。这些理论的不断发展，为现代资本结构决策的研究提供了更加丰富的视角。

（2）权衡理论

权衡理论最初提出是为了解决企业的资本结构问题。该理论指出，企业在选择资本结构时，不仅要考虑债务带来的税收减免效应，还需要全面评估负债所可能引发的财务风险、破产成本以及代理成本。权衡理论的核心目标是找到一个最优资本结构，在此结构下，税收减免效应、财务风险和代理成本之间达到了最佳平衡。这一平衡点使得企业的加权平均资本成本（WACC）最低，从而实现企业价值最大化。权衡理论强调，企业不应完全依赖债务或股权融资，而应根据自身情况综合考虑税收优惠与风险成本，制定合理的融资策略，以优化资本结构，提升公司价值。

在权衡理论中，税收减免效应（tax shield）是债务融资的一大优势。由于利息支出可以从企业的应税收入中扣除，因此适度的债务融资能够降低企业的税负，提高净利润。税收减免效应带来的财务收益使得债务融资在资本结构决策中具有一定吸引力，理论上，适量增加债务融资可以在税收优惠的帮助下提升企业的现金流和公司价值。然而，随着债务增加，企业的财务风险也会相应上升，特别是在经济不确定性或经营困难的情况下，债务还款压力可能导致企业陷入财务困境。过高的债务融资会增加破产成本，包括直接的法律费用、清算费用以及间接的声誉损失和客户流失等。这些破产成本削弱了税收减免带来的好处，对企业价值产生负面影响。因此，企业在利用债务融资时必须权衡破产成本，避免过高的债务比例使财务状况过于脆弱。

代理成本是权衡理论中的另一关键因素。高负债可能促使股东和管理层采取高风险的投资策略，以寻求更高的回报，这与债权人追求稳定回报的目标相冲突。在这种情况下，债权人往往会要求更高的利息或严格的债务条款，以限制管理层的决策权，导致企业代理成本的增加。因此，在权衡理论框架下，企业需要在税收效应和代理成本之间取得平衡，确保负债融资的比例不会过高，避免影响企业运营效率。

Keynes（1936）通过交易成本模型首次提出了企业现金持有的目标值，即最优现金持有量。根据他的观点，当企业现金持有量的边际成本与边际收益相等时，就达到了最佳状态。这种平衡状态即为现金持有的理想目标值。在这一模型中，现金持有的边际成本是现金的机会成本，即企业持有现金未用于更高收益投资时所损失的潜在收益；而边际收益则体现在流动性保障上，持有现金能够帮助企业随时应对支付需求，减少因资金不足而产生的融资或交易成本。凯恩斯的交易成本模型为后续权衡理论在现金管理中的应用奠定了基础，明确了企业在确定现金持有量时需要权衡边际成本和边际收益，这一理念成为权衡理论在现金持有领域的研究起点，为现代企业流动性管理提供了重要的理论支持。

基于这一观点，Miller和Orr（1966）提出了著名的Miller-Orr模型，将权衡理论引入现金管理领域，构建了一个系统的现金需求模型。他们认为企业持有现金的关键在于平衡现金的机会成本和现金不足引发的成本。Miller-Orr模型建议企业对现金余额设定一个上下限，当现金余额达到上限时，企业可以将多余的现金进行投资或转存以降低持有成本；而当余额低于下限时，企业则需要筹集资金以避免流动性风险。这一模型在现金管理中实现了动态平衡，为企业提供了更加科学的现金管理方法。

Baumol（1952）在研究企业现金管理问题时，借鉴了经济订货批量（EOQ）模型，提出了确定现金最佳持有量的Baumol模型。这一模型首次将利率因素纳入现金持有的考量，为企业提供了计算最优现金持有量的数量化工具。Baumol模型的引入奠定了现代现金管理的基础，使现金持有决策更加科学化和系统化，特别是在考虑利率变化时，企业可以通过Baumol模型动态调整现金持有量，确保资金的有效配置。

Kraus和Litzenberger（1973）的研究提出了静态权衡理论，认为企业现金持有能够带来财务收益，因为现金储备降低了企业在融资时的成本，从而提升股东的财务回报并增加公司整体价值。静态权衡理论主张企业应在现金持有成本和现金带来的财务收益之间找到平衡点，持有适量的现金既能降低融资成本，又不会造成过多的资金闲置。虽然现金持有带来财务收益，但过多现金储备也可能导致机会成本增高，如未能投资于收益率更高的项目而导致资金利用效率降低。因此，企业管理层需要在现金持有的边际收益和边际成本之间找到平衡，即在财务灵活性和持有成本之间进行权衡，以确定最优现金持有量。

Opler等（1999）基于权衡理论进一步验证了企业现金持有目标值的存在。他们的研究指出，基于权衡理论的企业现金持有目标值是流动性管理的重要组成部分。通过设定合理的现金持有目标值，企业可以有效管理现金流，实现持有成本和财务风险的平衡。企业持有现金的成本主要包括机会成本和代理成本。机会成本是指过多现金持有导致资金闲置，失去潜在投资收益；代理成本则是因现金储备过多可能导致管理层做出不利于股东的决策，造成资源错配或资金浪费。因此，合理的现金持有目标值能够在机会成本和代理成本之间达到平衡，使企业既满足预防性和交易性需求，又避免因过多持现带来的收益流失和管理风险。管理层通过权衡持现的成本与收益来确定合理的现金持有水平，从而优化企业的财务稳健性。

Ozkan A和Ozkan N（2004）基于动态权衡理论对企业现金持有的动态调整进行了深入研究。他们认为，在现实中企业的现金持有量并非一成不变，而是围绕一个目标值上下波动，并逐渐趋向该目标。

动态权衡理论指出，企业现金管理策略需要随着内外部环境变化不断调整，灵活应对市场条件和内部需求的变化。该模型强调现金持有量的“渐进收敛”特性，即企业会通过调整措施将现金持有量逐步回归目标值。相比于静态权衡理论，动态权衡理论更符合实际现金管理需求，因为它考虑了企业运营环境的动态性和不确定性。通过动态调整，企业在经济环境变化时能及时优化现金持有量，保持财务稳健性和资本配置效率。

（3）资源依赖理论

资源依赖理论（Resource Dependence Theory，RDT）由Pfeffer和Salancik于1978年提出，是组织理论的重要分支之一，重点关注组织如何通过获取关键资源以维持生存和发展的能力。该理论认为，组织的行为和结构在很大程度上受到外部环境中资源分配与控制的影响，为实现资源的有效获取与利用，组织需要与外部环境互动并建立战略性依赖关系。

资源依赖理论的提出基于以下三大理论：一是组织开放系统理论。组织不是孤立的封闭系统，而是嵌入在更广泛的外部环境中。外部环境为组织提供生存所需的资源，而资源的稀缺性和分布不均决定了组织必须与外部建立关系以获取关键资源。组织的行为因此受到外部环境的显著影响，其结构和运行需要与资源依赖关系相适应。二是权力与控制理论。资源依赖理论强调资源掌控者在依赖关系中的权力地位。资源供应方对组织的资源可得性和获取成本具有决定性影响，从而影响组织的行为与决策。这种权力的不对称性使得资源提供方在依赖关系中占据优势地位，对组织的自主性形成约束。三是行为决策理论。组织的决策并非完全理性，而是受到外部环境和内部权力关系的双重制约。资源依赖理论关注在有限理性条件下，组织如何在内部资源整合和外部资源获取中平衡权力关系，并采取适应性策略。

资源依赖理论的核心观点可概括为以下几个方面：

①资源依赖性决定组织行为

资源是组织维持运营的基础，但组织本身难以完全掌控所有关键资源。因此，资源的稀缺性和分布不均使组织对特定资源供应者形成依赖。这种依赖程度受到资源的重要性、资源的稀缺性以及供应方的集中程度的影响。

②组织通过外部关系减少不确定性

为降低对单一资源供应方的过度依赖及其带来的不确定性，组织会采取多样化策略。例如：合作与联盟——通过与资源供应方建立合作伙伴关系，获得资源的优先使用权；纵向整合——通过收购资源供应方实现资源控制；多元化采购——从不同供应渠道获取资源，以降低单一来源的风险。

③权力和控制是资源关系的核心

资源依赖关系中的权力是不对称的，资源掌控者在依赖关系中占据优势地位。权力的不对称性决定了组织的行为和决策。例如，资源依赖较大的组织可能需要遵守供应方的规则，从而影响其战略自主性。

④组织进行结构调整以适应资源依赖

组织会根据资源依赖关系调整其内部结构和管理机制。例如，增加关键资源领域的专业岗位，优化资源使用效率，甚至改变组织的边界（如进行并购或外包）。

资源依赖理论已广泛应用于企业战略、组织治理等领域，为分析组织如何通过外部关系获取关键资源提供了重要的理论支持。在企业战略方面，资源依赖理论为企业在资源获取与配置中的战略选择提供了重要理论支持，特别是在面对外部资源稀缺性和不确定性时，企业需要采取多种策略来确保资源的稳定性和可得性。资源依赖理论在组织治理中的应用主要体现在董事会构成、高层管理团队的选择等方面，通过资源导向的治理机制提升组织获取资源的能力和效率。企业可以通过引入具有外部资源优势的董事成员来增强外部资源的可得性。例如，聘用与供应链相关的重要客户代表、政府官员或行业专家进入董事会，不仅可以扩大企业的资源获取渠道，还能提高企业在关键领域的政策影响力。这种资源导向的董事会构成，有助于企业在外部环境中获取更多的竞争优势，同时提升企业的行业地位和市场能力。高管团队的外部关系网络是企业获取资源的重要渠道。企业在选聘高管时，往往会倾向于选择那些拥有广泛行业关系或具有资源掌控能力的候选人，以增强资源获取能力。

资源依赖理论在实践中的核心思想是，通过吸纳具有资源、经验和专业能力的外部董事，加强组织与外部环境的联系，从而为企业获取关键资源，提升决策效率和治理水平。这种理念在董事会试点改革中得到了体现。首先，改革要求董事会中超过半数的成员为外部董事，并强调外部董事的专业经验和决策能力。通过引入这些具有专业背景和经验的外部董事，企业不仅能提升治理能力，还能通过这些董事的社会资本和资源网络，获取外部关键资源，增强企业的战略灵活性。其次，改革强调多样化的董事会构成，要求聘请具有不同业务专长和丰富经验的高水平董事。这种多样化策略符合资源依赖理论的核心思想，即通过吸纳多种资源能力和经验来应对外部资源稀缺性和不确定性。最后，对于具有境外投资或经营业务的企业，改革特别强调从国际大公司中选聘外部董事或高级管理人员。通过引入境外高管或董事，企业能够直接获取跨国资源，降低国际市场运营中的不确定性。

4

央企董事会试点改革对上市公司现金持有的影响

现金作为企业重要的流动资产，对企业的日常经营和发展至关重要。近年来，深谙“现金为王”的国内外企业的现金持有都大幅提升，高额持现已然成为普遍现象（Huang et al.，2013；汪琼等，2020）。依据Myers和Majluf（1984）的优序融资理论，企业留存现金能够快速地为企业的投资机会提供所需资金，而不需要依靠高昂的外部融资，从而降低流动性资产短缺的边际成本，从这方面考虑高额持现具有一定的积极意义。然而，现金的流动性和易获得性促使其极易被代理人随意使用和侵占，诱发管理层的自利行为，进而激发股东和管理层之间的代理冲突（Jensen，1986），尤其在我国现金持有水平较高和内外部治理能力较弱的情况下，代理问题可能更为严重。此外，现金持有水平与持有价值之间也并不是一一对应的关系（杨兴全和尹兴强，2018），尤其是国有企业，相比非国有企业更倾向于高额持现，但国有企业现金持有的市场价值却更低（杨兴全和张照南，2008）。因此，研究企业尤其是国有企业现金持有的影响因素以及评价其现金持有的经济后果具有重要意义。已有研究发现，公司治理与企业现金持有水平及其价值息息相关，良好的公司治理能够有效缓解企业的代理冲突，进而影响到企业的现金持有，但是因企业公司治理结构的内生性问题，目前关于公司治理与企业现金持有之间关系的研究结论尚未明确（Harford et al.，2008）。一方面，基于柔性假说下的自利高管会为了降低企业风险，增加自己的自由裁量权而积累现金（Jensen，1986），基于这一观点，公司治理水平较弱的企业会倾向于持有更多现金；另一方面，基于耗散假说下的自利高管更倾向于将更多的现金用于企业规模扩张（Jensen and Meckling，1976），基于这一观点，公司治理水平较弱的企业的管理者会迅速地耗散现金，从而降低企业现金持有水平。

国有企业是中国经济的重要组成部分，在过去几十年里，严重依赖国有企业的中国经济取得了巨大成功。国有企业在发挥重要作用的同时，却也因“所有者缺位”“内部人控制”等导致的低效问题一直以来广受诟病，为此国资委从多个方面对国有企业进行了改革，其中包括以市场化导向为指导的公司治理改革。例如，为了完善央企法人治理结构，2004年国资委决定选择部分中央企业建立和完善董事会试点工作。虽然央企董事会试点改革成效尚存争议，但是李文贵等（2017）、嵇尚洲（2018）、白俊等（2019）、黄华等（2020）等的研究为央企董事会改革的良性治理作用提供了经验证据。央企董事会试点改革能够规范央企出资人权利的行使，从而更好地监督其控股上市公司的运营管理，缓解国有上市公司管理层和控股股东之间的代理冲突，进而促进国有上市公司治理能力的提升。然而，鉴于公司治理与现金持有之间或正或负的关系（Harford et al.，2008），先前的研究不能明确董事会改革导致的公司治理改善将如何影响企业的现金持有，而央企董事会试点改革这一准自然实验为研究公司治理与企业现金持有关系提供了理想平台。

基于以上分析，本书以2004年央企董事会试点改革这一外部政策冲击为切入点，结合2003—2018年国有上市公司的数据，采用双重差分倾向得分匹配法（PSM-DID），系统检验央企董事会试点改革对央企控股上市公司现金持有水平的影响。具体而言，本章的研究逻辑和内容安排如下：首先，本书从理论层面探讨央企董事会试点改革与国有上市公司现金持有之间的关系，分析改革如何通过提升公司治理机制对企业现金管理行为产生潜在影响；其次，本书以国有上市公司为研究样本，构建实证模型，对央企董事会试点改革与国有上市公司现金持有水平之间的关系进行实证分析，验证理论假设；最后，从改革力度和现金配置策略的视角，进一步深入探讨央企董事会试点改革对企业现金持有行为的调节作用，分析改革如何影响企业的资金使用效率和配置方向。

4.1 理论分析与假设提出

央企作为国有上市公司的控股股东本身就存在一些固有缺陷。凌文（2012）指出，央企在控股上市公司时，通常会涉及多层次的委托代理关系。这种层层嵌套的代理结构使得央企本身仅仅作为多层委托代理链条中的一个代理人存在，从而缺乏直接且有效的动力来对上市公司进行深入的监督与管理。这种监督的缺失，使得央企高管及其下属可能缺乏必要的约束和激励机制。张维迎（1999）进一步提出，央企作为控股股东，其在治理结构中的地位较为特殊，其控股关系及决策权力往往通过复杂的代理链条进行传递，这种结构使得央企自身的监督作用被弱化。尤其是当其上层管理层缺乏对下层运营的深入了解时，代理冲突和信息不对称问题进一步加剧，导致央企对所控股上市公司难以实现有效的监督与管理。此外，央企高管通常具备较高的行政级别，并且其权力相对集中（秦永法，2009）。这种结构在缺乏有效内部和外部监督机制的情况下，容易导致“内部人控制”问题。高管们通过权力集中的优势，可能进行决策时忽视了对公司长远利益的考虑，甚至在极端情况下，利用职务之便侵占公司利益。这种行为不仅加剧了央企与上市公司之间的代理冲突，也使得高管侵占公司资源和利益的行为得以发生，进而损害了股东尤其是小股东的利益。

现金的流动性和难监管性促使其极易被管理层操纵用以谋取私利，而柔性假说和耗散假说下的自利高管会对企业的现金持有做出相异的抉择（Harford et al.，2008）。柔性假说下的自利高管在权衡当期过度投资与未来现金灵活性时，往往更倾向于保留充足的现金储备，选择增加企业的未来灵活性而非即时消耗现金。Jensen（1986）指出，当公司产生超额现金流时，基于柔性假说的高管不会选择通过过度投资来耗散现金，而是倾向于将其储备起来以应对未来的不确定性。Dittmar等（2003）进一步支持了代理问题与现金持有之间存在正相关的关系。耗散假说下的自利高管则会选择通过扩张公司来迅速消耗手中的现金。例如，Jensen和Meckling（1976）认为，基于耗散假说，管理层更可能选择通过并购、过度投资等手段来消耗现金储备，甚至可能会进行一些损害公司长期价值、风险较大的投资，追求短期的扩张效应。高管可能通过此类决策来增加自身的权力和报酬。为了缓解上述代理问题，公司治理机制显得尤为重要。杨兴全等（2016）指出，良好的公司治理结构能够有效地抑制管理层的自利行为，减少代理冲突。对于央企而言，建立一个规范化的董事会是关键措施之一。一个功能齐全的董事会能够确保央企所有者到位，加强对其控股上市公司的管理层进行有效的监督，防止高管滥用职权，从而优化公司的决策过程和现金管理策略。此外，央企通过引入外部董事来参与公司治理，可以有效地缓解内部人控制问题，避免权力过度集中于内部管理层手中。通过这些治理结构的优化，央企可以更好地监督其控股的上市公司运营，进而会影响到央企控股上市公司的现金持有决策。

一方面，央企董事会试点可能会降低央企控股上市公司的现金持有水平。基于柔性假说的央企控股上市公司高管出于倾向未来现金流的灵活性、躲避监管等自利动机的考虑，会倾向于留存更多的现金（Jensen，1986；Blanchard et al.，1994）。随着央企建立规范董事会，公司治理机制得以改善，央企控股上市公司高管的自利行为得以抑制从而会影响到企业的现金持有水平。首先，规范董事会建设能够有效缓解央企多层委托代理链条所带来的代理问题。央企在控股上市公司中存在多层委托代理关系，央企作为股东的监督作用被削弱，代理问题尤为突出。通过规范董事会建设，可以实现所有者的到位，从而加强控股股东对控股上市公司的监督。董事会的规范化不仅有助于提升董事会成员的决策水平，还能确保高管的决策行为更加符合股东利益，减少因代理问题产生的利益冲突和资源浪费。此外，外部董事的引入进一步缓解了央企内部人控制问题。外部董事凭借其独立性和专业性，在监督管理层行为、遏制高管的自利行为方面发挥着重要作用（Fauver et al.，2017）从而能够有效抑制柔性假说下自利高管的高额持现行为，降低国有上市公司的现金持有水平。其次，央企规范董事会建设能够有效缓解控股上市公司高管“不作为”的情况，增强其创新意愿，促进公司创新水平的提升。白俊等（2019）指出，规范的董事会能够通过强化对高管的绩效考核和激励机制，促使高管更加关注公司长远发展并积极推动创新。董事会的规范化有助于强化管理层的责任感和使命感，提升其在技术研发和新产品开发方面的投入意愿。这种创新投入的增加，不仅有助于提升企业的市场竞争力，也意味着资金将更多地用于研发和创新，而非仅仅储备现金。因此，随着创新投入的增加，央企控股上市公司的现金储备往往会减少，因为更多的现金会被投入到具有长期回报潜力的创新项目中，从而有助于企业的可持续发展。最后，发放现金股利在缓解代理问题的同时，能够有效提升企业价值（Kalcheva and Lins，2007）。规范董事会建设有助于加强对控股上市公司高管的监督，使得高管能够做出更加理性和符合股东利益的决策。通过合理的股利分配，管理层可以传递公司财务健康和盈利能力强的信号，增强投资者的信心，进而提升公司市场价值。同时，规范董事会能够建立完善的决策机制，确保股利发放符合公司发展战略和股东利益，从而避免由于高管的自利行为而推迟股利的发放或过度保留现金。增加现金股利的发放不仅有助于缓解股东与管理层之间的代理问题，也能够减少企业现金储备，避免过度积累现金并导致资源的低效使用。因此，规范董事会建设通过促进合理的股利分配，能够有效地降低企业现金持有水平，增强公司的财务健康和市场吸引力。

另一方面，央企董事会试点可能会提高央企控股上市公司的现金持有水平。基于耗散假说的央企控股上市公司高管出于自利动机，会倾向于通过在职消费、并购、商业帝国建造等迅速耗散现金（Jensen and Meckling，1976），而且央企控股上市公司高管的半政半企性质也会导致其易被政府干预进行过度投资（白俊和连立帅，2014），而规范董事会建设势必会提升央企的公司治理能力从而影响到央企控股上市公司的现金持有水平。首先，央企规范董事会建设能够有效促进央企内部治理结构的完善，缓解由于多层代理链条导致的所有者缺位问题，从而强化对控股上市公司的监督。在传统的央企治理结构中，由于央企控股股东的层级多、信息传递不畅，往往出现所有者缺位的现象，导致管理层缺乏有效的监督，产生代理问题。通过规范董事会的建设，可以解决这一问题，使董事会成为权力制衡的核心，从而加强对控股上市公司的监督。董事会的作用不仅仅在于对企业战略的决策，还在于对高管的监督与约束，特别是在现金流管理和财务决策方面。通过规范董事会，央企能够有效抑制自利高管的在职消费等现金耗散行为，从而有效地促进现金持有水平的提升。其次，规范董事会建设对央企外部董事人数提出了要求，并且建立各类专门委员会为外部董事参与企业的经营与决策提供了保障。这一改革措施有助于进一步缓解央企的行政干预和政企合一导致的内部人控制问题。在政府的行政干预下，央企高管可能会做出过度投资等耗散现金的行为（Firth et al.，2012）这对公司长期发展不利。而外部董事的引入能够提供独立、客观的视角，在监督管理层行为、确保决策的合理性方面发挥重要作用。外部董事不仅可以减少高管因行政干预而做出的不利于公司发展的决策，还能防止政府过度干预企业日常经营，尤其是在资金使用和现金持有决策方面。最后，央企规范董事会建设通过促进央企控股股东责任的履行，最终能够提升控股上市公司的绩效（李文贵等，2017）。当央企控股上市公司实现更好的经营业绩时，其现金流和现金持有水平自然会得到提升。这不仅反映了企业运营效率的提高，也意味着公司能够更好地应对市场波动、提升盈利水平，并将部分利润用于增加现金储备。

央企规范董事会建设能够优化央企的公司治理机制，实现所有者到位，缓解内部人控制问题，从而强化对央企控股上市公司高管的监督，进而可能会抑制柔性假说下自利高管的超额持现行为，降低现金持有水平，也可能会减少耗散假说下自利高管的现金耗散行为，增加现金持有水平。基于以上分析，本书提出竞争性假设：

H4-1a：央企董事会试点的实施能够显著降低其控股上市公司的现金持有水平。

H4-1b：央企董事会试点的实施能够显著增加其控股上市公司的现金持有水平。

4.2 研究设计

4.2.1 样本选择与数据来源

本书以2003—2018年沪深A股上市国有企业作为初始样本。在董事会试点事件的时间确定上，本书参考李文贵等（2017）、黄华等（2020）、毛新述等（2022）、秦帅等（2024）的做法，以“企业召开建设规范董事会工作会议的时间”作为该企业开展董事会改革的时间，对于不能找到召开建设规范董事会工作会议时间的企业，则以该企业纳入试点时间作为开展董事会改革的时间。在研究期间选择方面，因国资委成立于2003年，故本书以2003年作为研究起点。自

2005年宝钢等第一批试点企业开始建设规范董事会开始，截至2019年3月，已有83家央企建立了规范的董事会①。但根据国资委官方网站、各大央企官方网站披露的信息以及通过百度等搜索引擎搜索，我们最终仅能确定出截至2016年底实施董事会试点的79家央企名单，故本书将2005—2016年间实施了董事会试点的央企控股上市公司作为处理组。同时，考虑到央企董事会试点改革是逐步推行的，所以央企是否进行董事会试点可能会具有非随机性，即存在“靓女先嫁”的问题。为解决这个问题，本书首先运用倾向得分匹配方法从A股上市国有企业（考察期内未实施董事会试点的国有控股上市公司）中为实施了董事会试点的央企控股上市公司匹配条件相当的企业做对照，然后结合双重差分法对匹配后的样本进行回归，以验证央企建立规范董事会对企业现金持有的净影响。此外，为了对比分析试点与非试点企业控股上市公司在试点前后2年（共5年）的现金持有状况，故本书样本截至2018年。

本书所用的其他数据主要来源于国泰安（CSMAR）数据库。此外，本书还对数据进行了如下筛选：（1）删除金融、保险类行业的公司；（2）为了防止数据质量影响回归结果，删除ST、*ST公司以及数据异常的公司；（3）删除缺失相关变量的公司；（4）对主要连续变量进行了上下1%水平的缩尾处理，以降低极端值的影响。

4.2.2 模型设计

本书应用倾向得分匹配与双重差分相结合（PSM-DID）的方法，验证央企董事会改革对企业现金持有的影响。首先，进行倾向得分匹配（PSM），找到与处理组特征最接近的对照组。具体地，本书参考

① 新华社. 央企公司制改革全面完成［EB/OL］.［2020-02-24］. http：//www.sasac.gov.cn/n2588025/n2588139/c10833040/content.html.

已有文献，选取了可能影响央企董事会试点选择的因素：公司年龄（Age）、盈利能力（Roa）、公司规模（Size）、管理层持股比例（Manhld）、股权集中度（First）、两权分离度（Separation）、是否由四大审计（Big4）作为匹配变量。再采用1：1最近邻匹配法对处理组和对照组进行匹配，得到一组与处理组有相似特征的对照组企业。处理组即为经PSM处理后的2005—2016年间实施了董事会试点的央企控股上市公司，对照组则为经PSM处理后获得的未实施董事会试点的国有控股上市公司。然后，对匹配后的处理组和对照组进行DID回归。

由于央企董事会试点改革是个逐步推进的过程，各央企试点改革年份不一致，故本书采用多期DID模型进行估计。模型（4.1）即为评估央企董事会试点改革对企业现金持有影响的模型。

$$Cash_{i,\ t} = \beta_0 + \beta_1 Board_{i,\ t} + \beta_2 Controls_{i,\ t} + \delta_i + \lambda_t + \varepsilon_{i,\ t} \tag{4.1}$$

模型（4.1）中，被解释变量Cash为企业现金持有量，解释变量Board代表的是企业是否受到董事会试点改革的冲击，Controls表示的是本模型的控制变量，代表的是一系列影响企业现金持有水平的变量。δ_i是个体固定效应，λ_t是时间固定效应。Board的估计系数反映了央企董事会改革对其控股上市公司现金持有的影响效果。如果β_1大于0，代表央企董事会试点的实施能够显著增加其控股上市公司的现金持有水平，支持本章的假设4-1b；如果β_1小于0，代表央企董事会试点的实施能够显著降低其控股上市公司的现金持有水平，支持本章的假设4-1a。

4.2.3 变量定义

被解释变量Cash为企业现金持有水平。借鉴杨兴全和尹兴强（2018）的研究，本书以现金资产占非现金资产的比值来衡量现金持有量。其中，现金资产用货币资金+短期投资（2007年之后为交易性金融资产）来衡量，非现金资产则等于总资产减去现金及现金等价物。此外，鉴于行业分类会影响到企业现金持有量，本书还将经行业调整后的现金持有水平用于稳健性检验。

解释变量Board是企业实际控制人是否实施董事会试点的虚拟变量。处理组企业的实际控制人实施董事会试点当年及以后年度取值为1，其他为0。

参考已有文献（陆正飞和韩非池，2013；杨兴全和尹兴强，2018；梁上坤等，2022；钱雪松等，2024），本书选取的控制变量包括公司年龄（Age）、盈利能力（Roa）、公司规模（Size）、管理层持股比例（Manhld）、股权集中度（First）、两权分离度（Separation）、是否由“四大”审计（Big4）、经营性现金流比例（Cfo）、营运资本（Netw）。变量具体定义及解释可参见表4-1。

表4-1 **主要变量定义与解释**

变量名称		变量符号	变量说明
被解释变量	现金持有水平	Cash	（货币资金+短期投资（2007年之后为交易性金融资产））/非现金资产（总资产-现金及现金等价物）
解释变量	央企董事会试点改革虚拟变量	Board	处理组实施试点当年及以后年度取值为1，其他取值0
控制变量	公司年龄	Age	Ln（1+公司上市年限）
	盈利能力	Roa	净利润/总资产
	公司规模	Size	总资产的自然对数
	管理层持股比例	Manhld	管理层持股数/总股数

续表

变量名称		变量符号	变量说明
控制变量	股权集中度	First	第一大股东持股比例
	两权分离度	Separation	实际控制人拥有上市公司控制权与所有权之差
	是否由“四大”审计	Big4	上市公司年报由“四大”审计取值为1，否则取值为0
	经营性现金流比率	Cfo	经营活动现金流净额/净资产
	营运资本	Netw	净营运资本/净资产

4.3 实证结果与分析

4.3.1 倾向得分匹配

鉴于央企董事会试点发生在2005—2016年各年中，本书借鉴Lu（2015）的方法，为各处理组匹配对照组。具体地，首先以是否进入董事会试点作为被解释变量对各解释变量进行一个初步的logit回归，再对logit模型进行逐步回归，筛选出对被解释变量有显著影响的解释变量：公司年龄（Age）、盈利能力（Roa）、公司规模（Size）、管理层持股比例（Manhld）、股权集中度（First）、两权分离度（Separation）、是否由“四大”审计（Big4），并获得倾向得分值。接着，以筛选出的变量作为协变量，采用1∶1最近邻匹配法将控制组与对照组进行匹配。匹配完成后，需要对匹配效果进行进一步检验，检验结果见表4-2和图4-1。匹配后，处理组与对照组各变量均值的标准偏差的绝对值均小于10%，且匹配后的t统计量均不显著，符合平衡性检验要求。对比匹配前后处理组与对照组的核密度图能够更直观地比较匹配前后的差异，因此，本书进一步绘制了匹配前后处理组与对照组倾向得分的核密度图。图4-1左侧图展示了匹配前处理组与对照组样本的倾向得分差异，右侧图则展示了匹配后处理组与对照组样本的倾向得分差异。如图4-1所示，匹配前，处理组和对照组的倾向得分值的概率密度分布存在较大差异，而匹配后，两组的倾向得分值的概率密度分布已经非常接近，表明匹配后的样本满足共同支撑假设。总体而言，表4-2和图4-1的结果表明本书选择的匹配变量较为合理，且匹配效果良好，为后续的DID检验筛选出了合适的样本，有助于考察央企董事会试点改革实施的真实效果。

表4-2　　**倾向得分匹配平衡性检验结果**

变量名称		均值		标准偏差（%）	标准偏差减少幅度（%）	t统计量	t检验 p>t
		处理组	对照组				
Age	前	3.121	3.165	-33.9	97.0	-3.75	0.000
	后	3.123	3.124	-1.0		-0.09	0.931
Roa	前	0.045	0.025	31.0	85.0	2.98	0.003
	后	0.043	0.046	-3.6		-0.59	0.554
Size	前	21.384	21.257	12.6	77.3	1.48	0.140
	后	21.358	21.329	2.9		0.24	0.807
Manhld	前	0.001	0.001	4.5	79.4	0.59	0.555
	后	0.002	0.002	-0.9		-0.07	0.946
First	前	49.932	46.097	24.2	93.9	2.55	0.011
	后	49.568	49.804	-1.5		-0.13	0.898
Separation	前	0.933	1.593	-14.3	78.8	-1.45	0.147
	后	0.959	0.819	3.0		0.31	0.754
Big4	前	0.142	0.082	19.2	62.7	2.29	0.022
	后	0.132	0.109	7.2		0.58	0.559

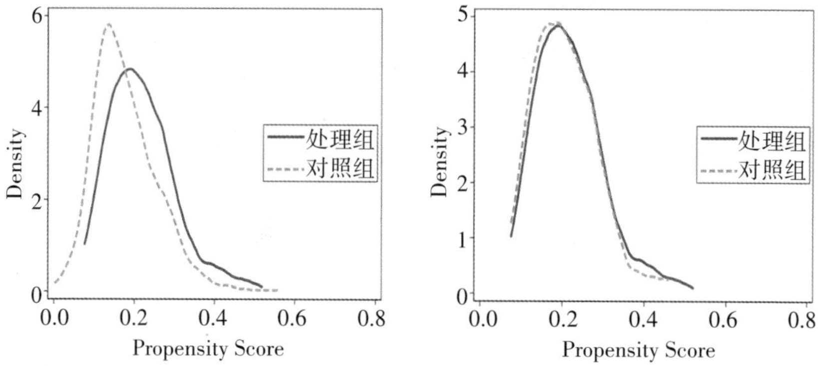

图4-1　匹配前后核密度图

4.3.2　描述性统计

央企董事会试点改革对企业现金持有水平影响的模型中，变量的描述性统计结果见表4-3。被解释变量现金持有水平Cash的均值是0.235，中位数是0.153，平均来看，样本企业的现金资产占非现金资产达到四分之一左右，验证了现金资产已成为企业重要资产，进一步凸显本书的研究价值。而本书样本数据的现金持有水平略高于杨兴全和尹兴强（2018）的研究结果，可能是因为本书的样本还包括2016—2018年的样本。Cash的最小值是0.011，最大值是1.434。标准差是0.250，说明不同企业间现金持有水平存在较大的差异，现金持有水平最大的企业持有的现金资产为非现金资产的1.43倍，而现金持有水平最小的企业持有的现金资产仅占非现金资产的1.1%。解释变量央企董事会试点改革虚拟变量Board的均值是0.264，说明匹配后进入处理组的样本数量达到26.4%。

控制变量中，公司年龄Age的均值是2.994，中位数是3.091，二者差距较小，说明样本公司成立年限的分布较为合理。盈利能力Roa的均值是0.043，中位数是0.035，最小值是-0.149，最大值是0.192，

表4-3 主要变量描述性统计

变量名	样本量	均值	标准差	最小值	中位数	最大值
Cash	4 157	0.235	0.250	0.011	0.153	1.434
Board	4 157	0.264	0.441	0.000	0.000	1.000
Age	4 157	2.994	0.330	1.609	3.091	3.367
Roa	4 157	0.043	0.042	−0.149	0.035	0.192
Size	4 157	22.553	1.466	19.180	22.350	28.510
Manhld	4 157	0.003	0.012	0.000	0.000	0.090
First	4 157	41.661	15.350	3.690	41.650	89.090
Separation	4 157	4.838	8.142	0.000	0.000	43.340
Big4	4 157	0.126	0.331	0.000	0.000	1.000
Cfo	4 157	0.067	0.105	−0.658	0.060	1.172
Netw	4 157	0.202	0.384	−1.742	0.151	4.899

基本符合现有研究结论，且样本国有企业间的盈利能力差异较大，甚至部分国有企业盈利能力为负值。公司规模Size的均值是22.553，中位数是22.350，高于资本市场上市公司规模的一般均值，说明国有企业相对规模较大，而标准差为1.466，最小值为19.180，最大值为28.510，样本国有企业间存在一定差异。管理层持股比例Manhld平均值为0.003，即样本国有企业管理层持股比例均值为0.3%，最小值是0，最大值为0.090，标准差为0.012，说明样本国有企业管理层持股比例整体较低，且样本国有企业之间差距不大。股权集中度First平均值为41.661，即样本国有企业第一大股东持股比例相对较高，最小

值是3.690，最大值为89.090，标准差是15.350，说明样本国有企业第一大股东持股比例存在较大差异。两权分离度Separation平均值是4.838，最小值是0，最大值是43.340，标准差是8.142，说明样本国有企业间差距较大。是否由“四大”审计Big4平均值为0.126，说明约有12.6%的样本国有企业选择“四大”审计。经营性现金流比例Cfo均值是0.067，中位数是0.060，说明样本国有企业均值与中位数差异较小，平均来看，经营活动现金流净额占总资产的比重约为6.7%。Cfo的最小值为-0.658，最大值是1.172，说明样本国有企业之间存在一定差异。营运资本Netw均值是0.202，最小值是-1.742，最大值是4.899。

4.3.3 相关系数分析

应用Stata软件对本章节的被解释变量、解释变量和控制变量进行了Pearson相关系数分析，结果见表4-4。本章节各变量之间的相关系数的绝对值均小于0.5，说明本章节的各变量之间不存在严重的多重共线性问题。具体来看，被解释变量企业现金持有水平Cash与解释变量央企董事会试点改革Board之间的相关系数为-0.029，且在10%的水平上显著，说明央企董事会试点改革可能会降低其控股上市公司的现金持有水平，初步支持本章的假设4-1a，为了明晰央企董事会试点改革与企业现金持有水平之间的作用关系，还需进一步进行回归分析。此外，为了确保本书结果的稳健性，本书还对模型4.1的各变量进行了VIF方差膨胀因子检验，结果显示所有变量之间的方差膨胀因子均是小于10的，再次证明了本章各变量之间不存在多重共线性问题。

表4-4 **相关系数分析**

变量名	Cash	Board	Age	Roa	Size	Manhld	First	Separation	Big4	Cfo	Netw
Cash	1										
Board	−0.029*	1									
Age	−0.173***	−0.051***	1								
Roa	0.262***	−0.045***	−0.110***	1							
Size	−0.184***	0.114***	0.066***	−0.031**	1						
Manhld	0.142***	0.0130	−0.317***	0.146***	−0.067***	1					
First	0.046***	0.00600	−0.141***	0.092***	0.213***	−0.129***	1				
Separation	−0.034**	0.027*	0.115***	0.026*	0.00100	−0.060***	0.051***	1			
Big4	−0.069***	−0.0140	0.077***	0.089***	0.404***	−0.054***	0.150***	0.132***	1		
Cfo	0.312***	−0.026*	−0.057***	0.359***	0.0180	0.0150	0.083***	0.0170	0.047***	1	
Netw	0.732***	0.065***	−0.231***	0.293***	−0.273***	0.221***	0.0100	−0.060***	−0.090***	0.081***	1

注：表中为Pearson检验系数，***、**、*分别表示1%、5%和10%的显著性水平。

4.3.4 单变量分析

表4-5列示了本章主要变量的均值差异分析结果，从中可以发现，被解释变量企业现金持有水平（Cash）在央企董事会试点前后存在0.018的差异性。具体来看，在央企董事会试点改革前，企业现金持有水平（Cash）的均值为0.258，央企董事会试点改革后，企业现金持有水平（Cash）的均值下降为0.240，初步证明央企董事会试点改革能够降低其控股上市公司现金持有水平，支持本章的研究假设4-1a。央企董事会试点改革前后，公司年龄（Age）、盈利能力（Roa）、公司规模（Size）、两权分离度（Separation）、经营性现金流比率（Cfo）、营运资本（Netw）也存在显著的差异。其中，央企董事会试点改革后，企业规模、两权分离度和营运资本会得到显著提高。

表4-5 **主要变量的均值差异分析**

Two-sample	DID=0	DID=1	T-test
变量	均值	均值	差异
Cash	0.258	0.240	0.018*
Age	3.004	2.966	0.038***
Roa	0.044	0.039	0.004***
Size	22.45	22.83	-0.379***
Manhld	0.003	0.003	0
First	41.606	41.817	-0.211
Separation	4.709	5.200	-0.491*
Big4	0.128	0.118	0.0110
Cfo	0.0690	0.0630	0.006*
Netw	0.187	0.244	-0.056***

注：***、**、*分别表示1%、5%和10%的显著性水平。

4.3.5 多元回归结果分析

为验证央企董事会试点改革对企业现金持有水平的影响，本部分对模型（4.1）进行实证检验。表4-6报告了对模型（4.1）进行双重固定效应回归的结果。具体而言，表4-6第（1）列展示了在不考虑控制变量的情况下，央企董事会试点改革虚拟变量Board的回归系数为-0.040，并且在1%的显著性水平上具有统计意义。这表明，相比未进行央企董事会改革的公司，实施了董事会改革的央企控股上市公司的现金持有水平显著较低。这一结果表明，央企董事会改革在一定程度上影响了公司的现金管理策略，改革带来的治理结构优化使得企业在资金使用上的决策更为高效，从而降低了现金持有水平。在进一步加入一系列控制变量后，表4-6第（2）列的回归结果显示，Board变量的回归系数依然为负，并且在1%的水平上显著。这表明，即使考虑了公司规模、盈利能力、资产负债率等一系列可能影响企业现金持有水平的因素，央企董事会试点改革仍然能够显著降低其控股上市公司的现金持有水平。这一发现进一步验证了央企董事会试点改革对企业现金持有的影响作用，支持了本书假设4-1a，即央企董事会试点改革能够有效减少其控股上市公司的现金持有水平，即央企董事会改革可能在决策效率和资本配置方面带来积极效果。

表4-6　　**央企董事会试点改革与控股上市企业现金持有**

变量名	（1）	（2）
	Cash	Cash
Board	-0.040***	-0.023***
	（-3.93）	（-3.38）
Age		0.237
		（0.66）

续表

变量名	(1)	(2)
	Cash	Cash
Roa		-0.116*
		(-1.89)
Size		0.012***
		(2.68)
Manhld		0.304
		(0.89)
First		-0.001**
		(-2.12)
Separation		0.000
		(0.44)
Big4		-0.013
		(-1.13)
Cfo		0.387***
		(18.60)
Netw		0.493***
		(55.98)
Constant	0.301***	-0.804
	(12.99)	(-0.74)
Firm-fixed	Yes	Yes
Year-fixed	Yes	Yes
Observations	4 157	4 157
R-squared	0.041	0.575

注：***、**、*分别表示1%、5%和10%的显著性水平，括号内为T值。

4.4 稳健性检验

4.4.1 平行趋势检验

通常使用双重差分法的前提是需要满足平行趋势假定，即在央企董事会试点改革实施之前，处理组与对照组的现金持有水平应呈现相同的发展趋势。为了验证这一假设，本书参考Beck等（2010）的研究方法，通过构造时间虚拟变量，并将其与分组虚拟变量（Treat）组合，检验央企董事会试点改革对企业现金持有水平的动态效应，具体模型如下：

$$Cash_{i,t} = \alpha_0 + \alpha_1 Treat_{i,t} \times Before_{i,t}^{2} + \alpha_2 Treat_{i,t} \times Before_{i,t}^{1} + \alpha_3 Treat_{i,t} \times After_{i,t}^{0} + \alpha_4 Treat_{i,t} \times After_{i,t}^{1} + \alpha_5 Treat_{i,t} \times After_{i,t}^{2+} + \alpha_6 Controls_{i,t} + \delta_i + \lambda_t + \varepsilon_{i,t} \tag{4.2}$$

其中，Treat是用于区分处理组和对照组的分组变量，若样本公司的控股央企实施了董事会试点改革，则Treat为1，表示该公司为实验组；若样本公司的控股央企未实施改革，则Treat为0，表示该公司为对照组。本部分还引入了五个时间虚拟变量指标，分别为$Before^2$、$Before^1$、$After^0$、$After^1$和$After^{2+}$。$Before^j$（$After^j$）=1表示央企实施董事会试点前（后）第j年，其他年份则取值为0。在回归模型中，我们将时间虚拟变量与分组变量Treat进行交乘，交乘项的引入使得我们能够捕捉央企董事会改革前后不同时间段对现金持有水平的影响。其余变量的定义与模型（4.1）保持一致，此处不再赘述。

模型（4.2）的回归结果见表4-7。首先，董事会试点改革实施前2年和前1年的回归系数均不显著，这表明在央企董事会试点实施前，实验组与对照组的现金持有水平并未表现出显著差异。这一结果表明，处理组与对照组在改革前的现金持有水平趋势相同，验证了平行趋势假定，即两组在改革前的现金持有水平发展趋势是一致的，满足了双重差分法的前提条件。然而，在董事会试点改革实施当年及之后，回归系数均显著为负，且其数值逐年显著。这一结果表明，央企董事会改革的实施显著降低了其控股上市公司的现金持有水平，且这一影响在改革后的一定时间内仍然持续，进一步证明了改革对企业现金持有水平的显著影响。这表明，央企董事会改革在短期内显著促进了资金的有效利用，减少了过多现金的积累，有助于优化企业的资本结构。通过上述分析，再次证明了央企董事会改革有效地影响了企业的现金持有水平，并且回归结果通过了平行趋势检验，为后续对央企董事会改革影响的深入分析提供了有力的支持。

表4-7　　　　**稳健性检验：平行趋势检验**

变量名	Cash
$Treat \times Before^{2}$	-0.016
	(-1.39)
$Treat \times Before^{1}$	-0.019
	(-1.64)
$Treat \times After^{0}$	-0.030***
	(-3.08)
$Treat \times After^{1}$	-0.040***
	(-3.23)
$Treat \times After^{2+}$	-0.027**
	(-2.27)
Age	0.161
	(0.45)

续表

变量名	Cash
Roa	−0.082
	(−1.35)
Size	−0.005*
	(−1.84)
Manhld	0.396
	(1.16)
First	−0.000
	(−1.16)
Seperation	0.000
	(0.28)
Big4	−0.012
	(−1.04)
Cfo	0.386***
	(18.54)
Netw	0.495***
	(56.60)
Constant	−0.237
	(−0.22)
Firm−fixed	Yes
Year−fixed	Yes
Observations	4 157
R−squared	0.567

注：***、**、*分别表示1%、5%和10%的显著性水平，括号内为T值。

4.4.2 安慰剂检验

上述研究结论发现，央企董事会试点改革能够降低其控股上市公司的现金持有水平。然而，企业现金持有量的减少除了可能受到央企董事会试点改革的影响外，还可能受到其他无法观测的随机因素或同一时期其他政策的干扰。为了缓解这一担忧，并验证央企控股上市公司现金持有量的减少确实是央企董事会试点改革导致的，本书采用了安慰剂检验方法。具体而言，通过为每个样本公司随机虚构一个改革年份，设定为Board1，替代模型（4.1）中的Board变量，重新进行回归分析，回归结果见表4-8。通过这一安慰剂检验，旨在检验央企董事会试点改革是否为导致央企控股上市公司现金持有量减少的主要因素。如果虚构的改革年份对现金持有量的影响并不显著，则能够有效地排除因其他无法观测的随机因素或同一时期其他政策变化而导致的现金持有量减少的可能性。

表4-8　　**稳健性检验：安慰剂检验**

变量名	Cash
Board1	0.049
	（1.31）
Age	0.256
	（0.71）
Roa	-0.114*
	（-1.85）
Size	0.011**
	（2.56）
Manhld	0.297
	（0.87）

续表

变量名	Cash
First	-0.001**
	(-2.19)
Seperation	0.000
	(0.49)
Big4	-0.012
	(-1.02)
Cfo	0.385***
	(18.49)
Netw	0.495***
	(56.10)
Constant	-0.846
	(-0.78)
Firm-fixed	Yes
Year-fixed	Yes
Observations	4 157
R-squared	0.574

注：***、**、*分别表示1%、5%和10%的显著性水平，括号内为T值。

这一回归结果显示，虚构的改革年份所对应的央企董事会试点虚拟变量（Board1）在回归模型中的系数不再显著。这一结果表明，央企董事会试点改革是导致央企控股上市公司现金持有量减少的关键因素，并有效排除了其他可能的影响因素，如随机因素或同一时期其他政策的影响。因此，本书的结论得到了进一步的验证，央企董事会试点改革确实导致了央企控股上市公司现金持有量的减少。

4.4.3 删除试点当年样本

前文在对模型（4.1）进行设定时，央企董事会试点变量Board在试点当年赋值为1，以此来检验样本公司在试点前两年与试点当年、试点后两年之间的企业现金持有水平。本部分参考李文贵等（2017）和白俊等（2019）的做法，删除央企董事会试点当年的样本，重新对模型（4.1）进行回归分析，直接考察样本公司在试点前后的现金持有情况。删除试点当年的样本，有助于排除短期内由于改革初期实施或政策调整所带来的暂时性波动。改革当年，企业可能会经历管理层的调整、企业内部治理结构的优化等，这些因素可能导致短期内的行为变化，影响现金持有水平。因此，删除该部分样本后，回归结果更能反映央企董事会试点改革对企业现金持有量的长期、稳定影响。

回归结果见表4-9。与前文的回归结果一致，央企董事会试点虚拟变量（Board）在1%的显著水平下依然显著为负，表明央企董事会试点改革后，央企控股上市公司的现金持有量显著下降。本书研究结论的可靠性得以增强，证明了央企董事会试点改革在优化资金管理和降低企业现金持有量方面的有效性。

表4-9　**稳健性检验：删除试点当年样本**

变量名	Cash
Board	−0.022***
	(−3.05)
Age	0.236
	(0.65)
Roa	−0.139**
	(−2.22)

续表

变量名	Cash
Size	0.012***
	(2.59)
Manhld	0.352
	(1.00)
First	-0.001**
	(-2.03)
Seperation	0.000
	(0.38)
Big4	-0.010
	(-0.81)
Cfo	0.393***
	(18.53)
Netw	0.497***
	(54.27)
Constant	-0.798
	(-0.74)
Firm-fixed	Yes
Year-fixed	Yes
Observations	4 032
R-squared	0.570

注：***、**、*分别表示1%、5%和10%的显著性水平，括号内为T值。

4.4.4 全样本回归

为了避免样本选择偏差所带来的“靓女先嫁”问题，前文的样本都是经过倾向得分匹配后的样本，本部分进一步扩大样本范围，以所有国有上市公司作为样本，再次进行回归分析。回归结果见表4-10，央企董事会试点虚拟变量（Board）在10%的水平上仍然显著为负。这一结果表明，央企董事会试点政策能够显著降低试点央企控股上市公司的现金持有量。全样本的回归分析结果为本书的核心结论提供了进一步的支持，表明央企董事会试点在改善公司治理、提升资源配置效率等方面具有重要作用。这一研究不仅对政策制定者具有借鉴意义，也为后续研究探讨公司治理改革的经济后果提供了经验支持。

表4-10　　**稳健性检验：全样本回归**

变量名	Cash
Board	-0.009*
	(-1.96)
Age	0.353
	(1.08)
Roa	0.195***
	(-8.39)
Size	-0.003
	(-1.60)
Manhld	0.754***
	(5.83)
First	0.000***
	(-3.28)
Seperation	0.000
	(0.82)
Big4	-0.016**
	(-2.37)

续表

变量名	Cash
Cfo	0.418***
	(34.73)
Netw	0.523***
	(100.78)
Constant	-0.869
	(-0.87)
Firm-fixed	Yes
Year-fixed	Yes
Observations	13 493
R-squared	0.529

注：***、**、*分别表示1%、5%和10%的显著性水平，括号内为T值。

4.4.5 替换被解释变量

在企业现金持有水平的相关研究中，企业现金持有量具有多种衡量方式，前文借鉴杨兴全和尹兴强（2018）的研究，以现金资产占非现金资产的比值来衡量现金持有量。其中，现金资产用货币资金+短期投资（2007年之后为交易性金融资产）来衡量，非现金资产则等于总资产减去现金及现金等价物。本部分考虑到行业分类可能对企业现金持有量产生重要影响，因此，借鉴Harford等（2008）的做法，将经过行业调整后的现金持有量（Newcash）作为新的被解释变量，带入到模型（4.1）中重新进行回归。经过行业调整后的现金持有量（Newcash）是基于企业所在行业的现金持有量基准值对企业现金持有量进行的调整，能够剔除行业特征对现金持有水平的系统性影响。这种调整方法能够更准确地反映企业自身的现金持有特征，避免由于行业间差异所导致的偏差，提升回归结果的解释力和结论的可信度。

回归结果见表4-11。利用经过行业调整后的现金持有量（Newcash）作为被解释变量，核心解释变量央企董事会试点虚拟变量（Board）的回归系数方向和显著性水平与前文一致。这一结果表明，即使在替换被解释变量的情况下，研究结论依然稳健。具体而言，经过行业调整后的现金持有量回归结果进一步支持了试点政策能够有效降低企业现金持有量的论点。

表4-11 **稳健性检验：替换被解释变量**

变量名	Newcash
Board	-0.022***
	(-2.85)
Age	0.157
	(0.40)
Roa	-0.107
	(-1.58)
Size	0.016***
	(3.39)
Manhld	0.443
	(1.17)
First	-0.001**
	(-2.14)
Seperation	0.000
	(1.03)

续表

变量名	Newcash
Big4	-0.025^{**}
	(−1.99)
Cfo	0.388^{***}
	(16.86)
Netw	0.437^{***}
	(44.84)
Constant	−0.840
	(−0.70)
Firm-fixed	Yes
Year-fixed	Yes
Observations	4 157
R-squared	0.465

注：***、**、*分别表示1%、5%和10%的显著性水平，括号内为T值。

4.4.6 排除干扰因素1：中央企业负责人经营业绩考核制度

2003年，国务院国资委首次规定要对中央企业负责人进行经营业绩考核，2006年进一步修订完善相关规定，2009年又对业绩考核办法进行了重大修订，2012年、2016年和2018年又先后进行了多次修订。中央企业负责人经营业绩考核制度是影响央企公司治理与经营的重要政策工具，其对央企的现金持有水平也可能产生显著影响。梁上坤等（2019）证明了中央企业负责人经营业绩考核制度会引起中央企业现金持有水平的下降。为了排除这一影响因素对分析结果的干扰，本书借鉴黄华等（2020）的方法，设置中央企业负责人业绩考核办法的政策变量（Assess），并将其作为控制变量加入到模型（4.1）中。在本书的样本期间2003—2018年间，业绩考核制度总共发生了6次变化，具体而言：2003年底，国务院国资委首次颁布了中央企业负责人经营业绩考核办法；2006年底，对制度进行了第一次修订；2009年底，进行了第二次修订；2012年底，完成了第三次修订；2016年底，完成了第四次修订；2018年底，进行了第五次修订。每次修订通常在当年年底发布，并于次年开始正式实施。因此，第五次修订因完成时间较晚，对本书分析结果的影响较小，故未予考虑。基于以上分析，本书对变量Assess进行了赋值处理：2004—2006年赋值为1；2007—2009年赋值为2；2010—2012年赋值为3；2013—2016年赋值为4；2017—2018年赋值为5。这种处理方式能够有效捕捉不同业绩考核制度的阶段性变化对央企现金持有水平的潜在影响，从而使本书的分析模型能够更好地控制这一政策变量的作用。

回归结果见表4-12。在加入变量Assess后，核心解释变量央企董事会试点（Board）在1%的水平上依然显著为负。这一结果表明，即使考虑业绩考核制度的干扰因素，董事会试点政策依然能够显著降低试点央企的现金持有水平。也就是说，业绩考核制度的引入和调整并未对本书的研究结论产生实质性影响。

表4-12　**稳健性检验：排除业绩考核制度影响**

变量名	Cash
Board	-0.023^{***}
	(-3.38)
Age	0.237
	(0.66)

续表

变量名	Cash
Roa	−0.116*
	(−1.89)
Size	0.012***
	(2.68)
Manhld	0.304
	(0.89)
First	−0.001**
	(−2.12)
Seperation	0.000
	(0.44)
Big4	−0.013
	(−1.13)
Cfo	0.387***
	(18.60)
Netw	0.493***
	(55.98)
Assess	−0.010**
	(−2.57)
Constant	−0.804
	(−0.74)
Firm-fixed	Yes
Year-fixed	Yes
Observations	4 157
R-squared	0.575

注：***、**、*分别表示1%、5%和10%的显著性水平，括号内为T值。

4.4.7 排除干扰因素2：外部融资

考虑到外部融资可能会影响企业现金持有水平，为了排除外部融资对前文结论的影响，本书分别将外部股权融资和外部债务融资指标作为控制变量加入到模型（4.1）中，重新进行回归。本书借鉴李君平和徐龙炳（2015）的方法，计算外部股权融资增长率（Equit_incre）和外部债务融资增长率（Debt_incre）。其中，股权融资增长率用于衡量企业通过股权方式新增资金的比例，股权融资增长率=（当期所有者权益总额-当期盈余公积总额-当期未分配利润总额）/上期期末资产总额-（上期期末所有者权益总额-上期期末盈余公积总额-上期期末未分配利润总额）/上期期末资产总额；债务融资增长率用于衡量企业通过债务方式新增资金的比例，债务融资增长率=（当期负债总额-上期期末负债总额）/上期期末资产总额。考虑外部股权融资和债务融资影响的回归结果，分别见表4-13的第（1）列和第（2）列。

表4-13的第1列显示，在加入外部股权融资增长率（Equit_incre）后，核心解释变量央企董事会试点改革（Board）的回归系数依然显著为负，且显著性水平并未发生变化。这一结果表明，即使考虑外部股权融资对企业现金流入的影响，央企董事会试点政策仍能显著降低企业的现金持有水平。表4-13的第2列显示，在加入外部债务融资增长率（Debt_incre）后，核心解释变量央企董事会试点改革（Board）的回归系数同样显著为负，且与前文结果一致。这一结果表明，即使考虑外部债务融资对企业现金流入的影响，央企董事会试点政策仍能显著降低企业的现金持有水平。回归结果表明，在考虑外部股权融资和债务融资变量的干扰后，核心结论依然保持稳健。央企董事会试点政策能够有效降低企业的现金持有水平，这一效应不因外部融资活动而改变。

表4-13　　　　　**稳健性检验：排除外部融资影响**

变量名	排除股权融资影响	排除债务融资影响
	Cash	Cash
Board	−0.023***	−0.023***
	(−3.36)	(−3.39)
Age	0.235	0.237
	(0.66)	(0.66)
Roa	−0.125**	−0.116*
	(−2.05)	(−1.90)
Size	0.010**	0.012***
	(2.34)	(2.66)
Manhld	0.308	0.304
	(0.90)	(0.89)
First	−0.001**	−0.001**
	(−2.25)	(−2.12)
Seperation	0.000	0.000
	(0.51)	(0.46)
Big4	−0.013	−0.013
	(−1.13)	(−1.13)
Cfo	0.388***	0.388***
	(18.65)	(18.63)
Netw	0.493***	0.493***
	(56.04)	(55.99)
Equit_incre	0.010***	
	(3.02)	

续表

变量名	排除股权融资影响	排除债务融资影响
	Cash	Cash
Debt_incre		0.000
		(1.25)
Constant	-0.766	-0.801
	(-0.71)	(-0.74)
Firm-fixed	Yes	Yes
Year-fixed	Yes	Yes
Observations	4 157	4 157
R-squared	0.577	0.576

注：***、**、*分别表示1%、5%和10%的显著性水平，括号内为T值。

4.5 进一步研究与分析

4.5.1 央企董事会试点改革力度的影响

母公司对上市公司的控制权比例通常被认为是影响试点改革效果的重要因素，持股比例越高，试点改革对上市公司的影响可能越为显著。为进一步分析央企董事会试点改革力度对企业现金持有行为的影响效果，本书参考肖土盛和孙瑞琦（2021）的做法，构建了一个新的变量$Treat^{Share}\times Post$，以量化母公司层面试点改革力度对下属上市公司现金管理行为的潜在影响。具体而言，当样本公司的母公司参与了央企董事会试点改革，变量$Treat^{Share}$被赋值为母公司对上市公司的实际持股比例，而对于母公司未纳入试点改革的企业，则将该变量赋值为

0。Post是时间虚拟变量，对于处理组样本来说，如果样本期间位于母公司被选为央企董事会试点当年以及之后年度，那么，Post取值为1，否则，Post取值为0。$Treat^{Share}$×Post的取值越大，说明董事会试点改革的力度越大。通过$Treat^{Share}$×Post这一变量的设计，可以更清晰地反映出母公司董事会试点改革的影响强度，尤其是在其对子公司拥有控制权的背景下，这种影响如何传导为企业现金持有水平的变化。在上述变量定义的基础上，本书进一步构建了模型（4.3），用于分析试点改革力度对企业现金持有水平的影响。

$$Cash_{i,t} = \gamma_0 + \gamma_1 Treat^{Share} \times Post_{i,t} + \gamma_2 Treat \times Share_{i,t} + \gamma_3 Controls_{i,t} + \delta_i + \lambda_t + \varepsilon_{i,t} \tag{4.3}$$

模型（4.3）的被解释变量、控制变量均与前文模型（4.1）保持一致，此处不再赘述。回归结果见表4-14，变量$Treat^{Share}$×Post的回归系数在1%的水平上显著为负，这一结果清晰地表明，母公司董事会试点改革力度越大，其对子公司企业现金持有水平的约束作用越强。具体而言，随着母公司持股比例的提高，试点改革的治理效应进一步增强，从而显著降低了企业的现金持有量。

表4-14　　**央企董事会试点改革力度的影响**

变量名	Cash
$Treat^{Share}$×Post	-0.041***
	(-2.66)
Treat×Share	0.001
	(0.95)
Age	0.239
	(0.66)

续表

变量名	Cash
Roa	−0.117*
	(−1.91)
Size	0.012***
	(2.68)
Manhld	0.292
	(0.85)
First	−0.001*
	(−1.83)
Seperation	0.000
	(0.45)
Big4	−0.012
	(−1.06)
Cfo	0.387***
	(18.56)
Netw	0.493***
	(55.91)
Constant	−0.809
	(−0.75)
Firm−fixed	Yes
Year−fixed	Yes
Observations	4 157
R−squared	0.575

注：***、**、*分别表示1%、5%和10%的显著性水平，括号内为T值。

4.5.2 企业现金持有的配置策略

基于前文分析可知，央企董事会试点改革能够降低其控股上市公司的现金持有量，样本企业高管的现金持有决策更加符合“柔性假说”，即公司治理能力的提升能够抑制高管的超额持现，进而降低企业的现金持有水平。央企董事会试点可以使控股上市公司减持现金，那么，这一关系将如何影响企业的现金使用？或者说，央企减持现金会对企业资金配置造成何种影响，控股上市公司会更多地将多余的现金用于何途？一方面，较低的现金持有水平可能源于管理层进行“帝国构建”或其他无效资金使用行为的结果（Harford et al.，2008；杨兴全，2016）。具体而言，管理层可能通过迅速消耗企业的现金储备用于非必要的扩张性投资或低效的资本性支出，以扩大其控制范围或提升个人声望，而并非出于企业整体利益最大化的考虑。这种行为不仅可能导致企业资金的低效配置，还可能削弱企业的财务稳定性和长期发展潜力。另一方面，较低的现金持有水平也可能是管理层对多余现金进行有效再分配的表现，体现为股利发放、研发投入等行为的积极作用（Pinkowitz et al.，2006；Kalcheva and Lins，2007）。在这种情况下，管理层可能通过发放现金股利，将多余现金返还给股东，以提高股东价值并缓解资金过度囤积可能引发的代理问题。此外，管理层还可能将多余现金用于增加研发投入，以支持技术创新和产品开发，进而提升企业的核心竞争力和长期价值。这种资源的高效利用能够优化资金配置，促进企业的可持续发展。这两种截然不同的可能性表明，企业较低的现金持有水平既可能反映治理失效下的资源浪费，也可能体现高效治理带来的资源优化配置。其具体表现取决于管理层的决策动机以及公司治理机制的完善程度。因此，本部分通过深入分析，考察企业现金持有的配置策略，以区分低现金持有水平背后的实际驱动因素。

为了深入考察央企董事会试点对企业现金持有及其配置策略的影响，本书借鉴 Harford 等（2008）的研究方法，分两步构建分析框架。首先，通过构建模型（4.4），估计样本企业的超额现金持有水平（Dcash），即企业持现水平相较于合理持现水平的偏差。然后，在此基础上，进一步构建模型（4.5），以分析企业的超额持现如何用于资金配置，检验央企董事会改革是否能够优化资金使用效率。

$$Cash_{i,t} = \delta_0 + \delta_1 Size_{i,t} + \delta_2 Capex_{i,t} + \delta_3 Netw_{i,t} + \delta_4 Growth_{i,t} + \delta_5 Lev_{i,t} + \delta_6 Cfo_{i,t} + \delta_7 Div_{i,t} + \sum Firm + \sum Year + \varepsilon_{i,t} \quad (4.4)$$

模型（4.4）是基于现金持有的合理预测值与实际持现之间的差异，来估算企业的超额持现水平。该模型引入了多项控制变量，以提高对企业合理持现水平的预测精度。其中，资本性支出（Capex）：反映企业在固定资产、无形资产和长期资产上的支出比例，用以衡量企业对长期投资的需求。成长性（Growth）：以总资产收益率为衡量指标，反映企业的盈利能力和增长潜力。资产负债率（Lev）：反映企业的财务杠杆水平，影响现金持有的风险偏好。股利支付虚拟变量（Div）：衡量企业是否支付现金股利，作为公司资金分配政策的参考。模型的残差（Dcash），即为企业的超额持现，代表企业持现水平与合理预测值的偏离程度。Dcash 为正，表示企业持有超额现金；Dcash 为负，则表示企业持现不足。

在获得超额持现水平后，本书进一步通过模型（4.5）检验央企董事会试点对企业现金配置效率的影响。

$$R\&D_{i,t} | Perdiv_{i,t} = \varphi_0 + \varphi_1 Dcash_{i,t} + \varphi_2 Board_{i,t} + \varphi_3 Dcash_{i,t} \times Board_{i,t} + \varphi_4 Controls_{i,t} + \delta_i + \lambda_t + \varepsilon_{i,t} \quad (4.5)$$

模型（4.5）的被解释变量包括研发投入和现金股利支付两类指

标，用于衡量资金配置的核心方向。研发投入（R&D）是经行业中位数调整的研发支出水平，以无形资产净额占总资产的比例作为衡量标准，代表企业在创新领域的投入。现金股利支付（Perdiv）是经行业中位数调整的每股现金股利支付额，衡量企业通过股利分配向股东返还资金的能力。核心解释变量为超额持现（Dcash），其与央企董事会试点改革（Board）的交互项用于衡量试点改革对资金配置效率的影响。此外，其余控制变量与模型（4.1）保持一致，涵盖企业规模、盈利能力、资产结构等因素。

如果央企董事会试点能够有效提升企业资金使用效率，将多余资金合理分配至高效用途（如研发创新和股利支付），则模型（4.5）的交互项Dcash×Board的回归系数（φ_3）预期显著为正。这表明，试点改革通过改善企业治理结构，引导企业将现金更多地用于长期价值创造和股东回报。

回归结果见表4-15，央企董事会试点改革对控股上市公司的资金使用策略产生了显著影响。具体而言，第1列的结果显示，交互项Dcash×Board的回归系数在5%的显著水平上为正，表明试点企业会显著地将更多的现金用于研发投入。这一结果反映了董事会试点改革在推动资金向创新领域倾斜方面的重要作用，通过提升研发投入水平，企业能够加快技术创新步伐，增强核心竞争力和市场适应能力。第2列的结果显示，交互项Dcash×Board的回归系数在10%的显著水平上为正，表明试点企业还会更多地将现金以股利形式发放给股东。这表明，试点改革在优化企业现金持有结构的同时，也提高了股东回报，进一步增强了资本市场对企业治理和财务状况的信心。综合来看，回归结果充分证明了央企董事会试点改革在提升资金使用效率、优化资源配置以及推动企业高质量发展方面的积极作用。

表4-15　**央企董事会试点改革下企业现金持有的配置策略**

变量名	R&D	Perdiv
Dcash	−0.008*	0.158**
	(−1.78)	(1.99)
Board	−0.005*	0.051
	(−1.82)	(1.15)
Dcash×Board	0.012**	0.191*
	(2.05)	(1.94)
Age	0.015	0.060
	(0.11)	(0.03)
Size	−0.006***	−0.006
	(−3.51)	(−0.20)
Manhld	−0.023	−0.781
	(−0.18)	(−0.35)
First	0.000	0.001
	(0.21)	(0.39)
Seperation	0.000	−0.005*
	(0.00)	(−1.71)
Big4	0.007*	0.021
	(1.69)	(0.28)
Cfo	0.004	−0.246*
	(0.46)	(−1.81)
Netw	−0.020***	0.176***
	(−6.03)	(3.06)
Constant	0.076	−0.104
	(0.19)	(−0.01)
Firm_fixed	Yes	Yes
Year_fixed	Yes	Yes
Observations	4 157	4 157
R-squared	0.023	0.010

注：***、**、*分别表示1%、5%和10%的显著性水平，括号内为T值。

4.6 本章小结

公司治理与企业现金持有之间的关系一直是学术界和实务界广泛关注的研究主题，这一领域不仅涉及企业资源配置效率的优化，也与企业的财务稳定性和市场价值密切相关。然而，由于公司治理结构的内生性问题，这一关系在不同情境下可能呈现正负不一的特征（Harford et al.，2008）。一方面，公司治理较弱可能导致管理层因代理问题而倾向于囤积现金，用以增强自由裁量权或规避外部监督；另一方面，公司治理不足也可能导致管理层迅速消耗现金，用于低效或非必要的扩张性投资。这种复杂的动态关系，使得治理与现金持有的因果机制难以明确识别。在这一背景下，央企董事会试点改革作为一项外生政策冲击，为研究公司治理与企业现金持有之间的关系提供了一个理想的自然实验平台。该试点改革自2004年启动，以优化央企治理结构、增强出资人权利、提升治理效率为目标，通过引入市场化机制和强化董事会职能，试图缓解国有企业内部的代理冲突和资源错配问题。这一改革不仅具有显著的政策外生性，还对企业治理和财务行为产生了深远影响。因此，通过研究央企董事会试点改革的效果，可以在一定程度上规避治理结构内生性问题的干扰，从而为揭示公司治理与企业现金持有的真实关系提供了宝贵的研究契机。

本章以国务院国资委实施的央企董事会试点改革作为准自然实验，选取2003—2018年A股国有上市公司的数据作为初始样本，采用倾向得分匹配和双重差分方法，深入实证检验央企董事会试点改革对企业现金持有水平的影响，得出如下研究结论：

第一，规范董事会建设能够缓解央企多层委托代理链条所导致的代理问题，实现所有者到位，发挥控股股东作用，增强对其下属控股上市公司的监督，缓解上市公司高管不作为的情况，而且外部董事的引入还能够进一步缓解央企内部人控制的问题，从而能够有效抑制柔性假说下自利高管的高额持现行为，降低国有上市公司的现金持有水平。

第二，母公司对上市公司的控制权比例通常被视为试点改革效果的重要影响因素。一般而言，母公司的持股比例越高，其对子公司的控制力和决策影响力越强，试点改革对上市公司的作用效果也可能更加显著。因此，央企董事会试点改革力度越大，其对子公司企业现金持有水平的约束作用越强。

第三，央企董事会试点改革能够促使控股上市公司减少现金的过度持有，但这一变化将如何进一步影响企业的现金使用方式？换言之，现金持有水平的降低会对企业的资金配置产生怎样的具体影响？研究发现，央企董事会试点改革会将释放出来的多余现金用于高效的投资领域，如研发投入以促进技术创新、以股利形式回馈给股东等，从而提升企业价值。

5

央企董事会试点改革对上市公司现金持有影响的异质性分析

第4章研究发现央企董事会试点改革能够降低其控股上市公司的现金持有量，然而，企业现金持有水平的变化并非单一受改革本身驱动，其效果可能受到企业所处融资环境、风险承担水平及控股股东持股比例等因素的显著影响，这需要进一步的研究。因此，本章试图通过细化分析，揭示央企董事会试点改革对企业现金持有水平在不同融资约束程度、风险承担水平和控股股东持股比例下的异质性影响。

基于企业面临的融资约束程度。融资约束程度是指企业在外部融资市场获取资金的难易程度，是影响企业现金持有水平的重要因素。融资约束程度高的企业因融资困难和融资成本高而倾向于持有更多现金以应对潜在的财务压力。央企董事会试点改革可能对企业的现金持有水平的影响有限，因为这些企业仍需维持高现金储备来应对融资的不确定性。而融资约束程度低的企业，外部融资较为便利，其现金持有需求较低。央企董事会试点改革通过优化治理结构和提升资源配置效率，可以显著降低这类企业的现金持有水平。因此，央企董事会试点改革对企业现金持有水平的影响作用是否在融资约束程度低的企业中更为显著?

基于企业的风险承担水平。风险承担水平是企业经营决策中对风险的接受程度的反映，会直接影响企业的现金持有策略。高风险承担水平企业的管理层通常对不确定性具有较高的容忍度，更倾向于将现金资源投入到高风险、高回报的项目中，而不是长期持有现金来规避风险。与之相对，低风险承担水平企业的管理层通常具有更强的风险规避倾向，倾向于囤积大量现金以应对未来的不确定性需求。这类企业的现金持有策略主要受预防性动机驱动，即便在治理改革的背景下，由于其谨慎的财务管理倾向，可能仍然倾向于维持较高的现金持有水平，从而削弱了央企董事会试点改革对现金持有水平的边际影响。因此，央企董事会试点改革对企业现金持有水平的影响作用是否在风险承担水平高的企业中更为显著?

基于控股股东的持股比例。控股股东持股比例是影响企业治理结构和现金持有策略的重要变量。当控股股东的持股比例较高时，控股股东与企业整体利益的趋同性增强，更关注企业的长期发展，也承担了更大的经营风险。在这种情况下，控股股东对管理层的监督意愿和约束力更强，企业现金持有策略更趋于高效配置。而当控股股东的持股比例较低时，公司股权结构相对分散，现金流权与控制权的背离现象更为显著，导致中小股东对管理层的监督能力弱化。因此，央企董事会试点改革对企业现金持有水平的影响作用是否在控股股东持股比例高的企业中更为显著?

结合上述分析，本章分别检验融资约束程度、风险承担水平和控股股东持股比例是否会导致央企董事会试点改革对企业现金持有水平表现出异质性的影响。

5.1 理论分析与研究假设

5.1.1 基于融资约束程度差异的分析

企业的现金持有决策通常受到融资约束状况的显著影响。由于信息不对称和交易成本的普遍存在，企业在获取外部资金时通常需要支付更高的融资成本。当企业获取外部资本的能力受到限制时，就会面临融资约束的问题。融资约束的加剧可能导致企业无法及时满足资金需求，从而陷入财务困境，甚至面临破产风险（Chan and Chen，1991）。当企业处于较强的融资约束环境时，由于外部融资成本较高且获取资金的难度较大，企业通常会出于预防性动机增加现金持有量，以应对未来潜在的投资不足或资金紧张风险（祝继高和陆正飞，2009；周美华等，2024）。相反，当企业处于外部融资约束较为宽松的环境时，企业能够以较低成本从外部获取所需的资金（Opler et al.，1999），提升了企业应对危险的能力，还可能会促使企业投资潜在的高回报项目（Fazzari et al.，1988；Hubbard，1997），削弱了企业现金持有的预防性动机，其现金持有量会相应减少，从而优化资金使用效率（Almeida et al.，2004；钱雪松等，2019）。

基于此逻辑，央企董事会试点改革通过改善公司治理，增强董事会对企业决策和资源配置的监督，旨在减少过度持现问题，提高资金使用效率。然而，这种改革效果可能因企业所面临的融资约束环境不同而存在差异性。具体而言，对于融资约束程度低的企业，由于外部融资渠道畅通，其对现金的预防性需求显著降低，因此在央企董事会试点改革后，这类企业更倾向于进一步降低现金持有水平，充分发挥董事会在优化资源配置中的作用。可以预期，央企董事会试点改革与控股上市公司现金持有水平之间的负向关系在融资约束程度低的企业中表现得更为显著。然而，对于融资约束程度高的企业，尽管央企董事会试点改革能够有效提升公司治理能力并抑制代理问题，但其较强的预防性持现动机仍可能占据主导地位。这些企业倾向于继续保留较高水平的现金储备，以应对外部融资不足和未来资金不确定性的风险。在这种情况下，融资约束程度的高低可能削弱甚至抵消央企董事会试点改革对现金持有水平的降低作用。因此，基于以上分析，本书提出以下研究假设：

H5-1：与融资约束程度高的企业相比，央企董事会试点改革对企业现金持有水平的降低作用显著存在于融资约束程度低的企业中。

5.1.2 基于风险承担水平差异的分析

根据预防性动机理论，企业持有现金主要是为了应对外部环境中的不确定性风险，同时为未来的投资机会提供灵活的资金支持

（Bates et al.，2009；Qiu and Wan，2015）。这种现金储备能够帮助企业在面对不可预测的市场波动或突发事件时保持财务的稳健性，并在出现有利的投资机会时迅速采取行动，从而提升企业的应变能力和竞争优势。因此，企业的风险承担水平也是企业的现金持有决策的重要制约因素。已有研究表明，风险承担水平是企业投融资决策的重要决定因素（余明桂等，2013）。风险承担水平高的企业，通常对风险具有更高的容忍度，企业无须因防范不确定性而囤积大量现金，以避免企业资源的低效占用（曹越和邢丽媛，2024）；相反，企业更倾向于将现金配置到创新投入和高回报的投资项目中，以捕捉市场中的潜在机会，提高企业的投资效率并实现更优的资源配置（倪克金和刘修岩，2022）。然而，风险承担水平低的企业，在决策中更倾向于规避风险，对高风险、高回报的投资项目持谨慎态度。这类企业在投融资中表现出保守特性，通常优先选择保持较高的现金储备，以应对未来可能的资金需求和不确定性风险（Opler et al.，1999）。

基于此逻辑，本书认为风险承担水平可能在央企董事会试点改革与控股上市企业现金持有水平之间起到重要的调节作用。具体而言，央企董事会试点改革通过优化公司治理机制，提升资源配置效率，旨在降低企业的过度持现行为。然而，这种改革效果可能因企业风险承担水平的差异而有所不同。对于风险承担水平低的企业，由于企业的管理层风险规避倾向较强，现金的预防性需求更高。这些企业即便在治理改革的背景下，仍可能倾向于保留较高的现金储备以应对未来的不确定性风险。这种保守的现金管理策略可能削弱或抵消央企董事会试点改革对现金持有水平的降低作用，因此在风险承担水平低的企业，这种负向关系可能并不显著。而对于风险承担水平高的企业，企业的管理层通常更倾向于将现金资源用于高回报的投资项目或创新活动，而不是长期储备现金以规避风险。在央企董事会试点改革的推动下，这些企业的治理效果得到了提升，对现金持有的管理更加优化，从而进一步降低了企业的现金持有水平。因此，在风险承担水平高的企业，央企董事会试点改革与控股上市公司现金持有水平之间的负向关系可能更为显著。因此，基于以上分析，本书提出以下研究假设：

H5-2：与风险承担水平低的企业相比，央企董事会试点改革对企业现金持有水平的降低作用显著存在于风险承担水平高的企业中。

5.1.3 基于控股股东持股比例差异的分析

由于控股股东借助股权链接发挥其治理作用，因此控股股东持股比例对央企董事会试点改革与企业现金持有水平之间的关系具有重要的影响（陆贤伟和王建琼，2015）。当控股股东持股比例低时，现金流权与控制权的背离现象更加严重，且此时的公司股权结构相对较为分散，更易出现中小股东“搭便车”的问题，分散的股东群体难以形成合力对上市公司管理层实施有效监督，这种监督缺位可能为管理层的自利行为提供空间。此外，在缺乏有效监督的情况下，控股股东的利益可能会偏离企业其他股东的利益，控股股东的掏空动机也会显著增加（潘俊等，2020）。因此，本书认为当控股股东持股比例低时，央企董事会试点改革对企业现金持有的治理空间更大；相反，当控股股东持股比例高时，公司的整体利益与控股股东的利益往往具有更高的一致性。这种利益趋同性有助于增强控股股东对公司运营的关注与监督意愿，控股股东通过较高的持股比例，能够有效地介入公司治理，减少代理问题的发生，并对管理层的决策行为施加更大的约束力（Shleifer and Vishny，1997；Hoskisson et al.，2009；Kang et al.，2017）。虽然控股股东较高的持股比例会相应地增加其掏空能力，即控股股东凭借其控制地位，能够利用公司资源谋取自身利益，损害中小股东权益（如关联交易或不当资金转移），但是当控股股东持股比例非常高时，公司的整体利益与控股股东的利益往往具有更高的一致性，且高持股比例意味着控股股东承担更大的经营风险，从而降低了控股股东侵占公司资源的意愿（李增泉等，2004）。这种控制模式不仅减少了管理层的自利行为，还提升了母公司与子公司之间的战略协同效应，从而对企业的长远发展产生积极影响（李文贵等，2017）。因此，基于以上分析，本书提出以下研究假设：

H5-3：与控股股东持股比例高的企业相比，央企董事会试点改革对企业现金持有水平的降低作用显著存在于控股股东持股比例低的企业中。

5.2 研究设计

5.2.1 样本选取与数据来源

本章考察的是融资约束程度、风险承担水平和控股股东持股比例对央企董事会试点改革影响企业现金持有水平的异质性效果，因此在样本选取方面与第4章的标准基本一致。仍然以2003—2018年沪深A股上市国有企业作为初始样本。在央企董事会试点改革的时间确定上，本书参考李文贵等（2017）、黄华等（2020）、毛新述等（2022）、秦帅等（2024）的做法，以“企业召开建设规范董事会工作会议的时间”作为该企业开展央企董事会试点改革的时间，对于不能找到召开建设规范董事会工作会议时间的企业，则以该企业纳入试点的时间作为开展央企董事会试点改革的时间。本书将2005—2016年实施了央企董事会试点改革的控股上市公司作为处理组。同时，考虑到央企董事会试点改革是逐步推行的，所以央企是否进行董事会试点改革可能具有非随机性，即存在“靓女先嫁”的问题。为解决这个问题，本书首先运用倾向得分匹配方法从A股上市国有企业（考察期内未实施董事会试点的国有控股上市公司）中为实施了董事会试点的央企控股上市公司匹配条件相当的企业做对照，然后结合双重差分法对匹配后的样本进行分组回归。

本章所用的其他数据主要来源于国泰安（CSMAR）数据库。此外，本章还对数据进行了以下筛选：（1）删除金融类、保险类行业的公司；（2）为了防止数据质量影响回归结果，删除ST公司、*ST公司以及数据异常的公司；（3）删除缺失相关变量的公司；（4）对主要连续变量进行了上下1%水平的缩尾处理，以降低极端值的影响。

5.2.2 模型设计与变量定义

为检验融资约束程度、风险承担水平和控股股东持股比例对央企董事会试点改革影响企业现金持有水平的异质性影响，本章主要对第4章的模型（4.1）进行分组检验。本章的被解释变量、解释变量与控制变量与第4章基本一致，此处不再赘述，分组变量情况如下：

（1）融资约束程度

为检验融资约束程度对央企董事会试点改革影响企业现金持有水平的异质性影响，本书构建了分组变量融资约束（KZ），并借鉴了Kaplan和Zingales（1997）、魏志华等（2014）的方法，构建了融资约束指标（KZ指数）。具体而言，KZ指数的计算步骤如下：首先，依据经营现金流、现金股利、现金持有、资产负债率和托宾Q五个变量，将样本企业进行分组。如果经营活动产生的现金流净额与期初总资产之比低于中位数，则KZ_1取值为1；否则，KZ_1取值为0。如果现金股利与期初总资产之比低于中位数，则KZ_2取值为1；否则，KZ_2取值为0。如果现金持有与期初总资产之比低于中位数，则KZ_3取值为

1；否则，KZ_3取值为0。如果资产负债率高于中位数，则KZ_4取值为1；否则，KZ_4取值为0。如果托宾Q高于中位数，则KZ_5取值为1；否则，KZ_5取值为0。其次，计算每家企业的KZ指数，公式为$KZ=KZ_1+KZ_2+KZ_3+KZ_4+KZ_5$。KZ指数越大，说明企业受到的融资约束越强。再次，以KZ指数为因变量，对经营现金流、现金股利、现金持有、资产负债率和托宾Q进行排序逻辑回归，分析变量对融资约束的影响程度。最后，将回归结果带入样本企业的数据中，计算每家企业的最终KZ指数。KZ指数的数值大小反映了企业融资约束的强弱，指数越高，表示企业面临更强的融资约束。

（2）风险承担水平

为检验风险承担水平对央企董事会试点改革影响企业现金持有水平的异质性影响，本书参考Faccio等（2011）和余明桂等（2013）的方法，利用盈余波动性作为衡量企业风险承担水平的核心指标，即σ（Adj_Roa）。其中，Adj_Roa表示经行业调整后的资产回报率（Roa）。通过分析企业盈利能力的波动性，揭示企业在投融资决策中所表现的风险偏好。具体而言，本章以每三年为一个时间段，滚动计算经行业调整后的Roa标准差，作为企业风险承担水平的量化指标。其计算步骤如下：首先，将样本企业的资产回报率与其所在行业的中位数资产回报率进行比较，得到经行业调整后的Roa（Adj_Roa），以剔除行业因素的影响。其次，在每个三年时间段内，计算Adj_Roa的标准差，作为衡量企业盈余波动性的指标。最后，将计算得到的标准差乘以100，形成企业的风险承担水平指标。该指标值越高，表明企业的盈余波动性越大，风险承担水平越强；相反，该指标值越低，表明企业更倾向于采取保守的经营策略。

（3）控股股东持股比例

本书采用控股股东持股比例来衡量，并且将属于“一致行动人”

或受同一个最终控制人控制的股东视为同一个股东处理。

5.3 实证结果与分析

5.3.1 基于融资约束程度的异质性检验结果

为了检验融资约束程度对央企董事会试点改革影响企业现金持有水平的异质性效果，本书按照行业、年度企业融资约束（KZ）指数的均值将样本分为融资约束程度高和融资约束程度低两组，对模型（4.1）进行分组检验，结果见表5-1。表5-1第1列，在企业面临较高融资约束时，央企董事会试点变量（Board）与企业现金持有水平之间的关系并不显著；而表5-1第2列，在融资约束程度低的企业，央企董事会试点变量（Board）对控股上市公司现金持有水平的影响显著为负。这表明融资约束环境的差异对央企董事会试点改革的效果产生了调节作用。具体而言，对于融资约束程度高的企业，由于外部融资渠道不畅且成本较高，企业出于预防性和交易性动机，倾向于储备更多现金以应对潜在的资金不足或市场不确定性。这种强烈的现金储备需求可能抵消了央企董事会试点改革对企业优化现金持有的作用，从而使二者之间的负向关系不显著。而在融资约束程度低的企业，由于外部融资较为便利且成本较低，企业对现金储备的依赖性明显减弱。此时，央企董事会试点改革能够通过优化治理机制和提高资金使用效率，显著减少企业的过度持现行为。改革后，这些企业更倾向于将多余现金用于研发投入或高回报的投资项目，从而实现资源的有效配置。

综上所述，分组回归结果支持本章的研究假设H5-1，融资约束程度在央企董事会试点改革与企业现金持有水平之间起到了重要的调节作用。对于融资约束程度低的企业，改革的负向效应更加显著；而对于融资约束程度高的企业，改革的治理效果受到现金储备需求的抑制。这一发现进一步验证了融资约束环境对治理改革政策效果的重要影响，并为优化央企改革措施提供了实证支持。

表5-1　　　　基于融资约束程度的异质性检验结果

变量名	融资约束程度高	融资约束程度低
	Cash	Cash
Board	0.006	-0.029**
	(0.75)	(-2.39)
Age	0.002	-0.077***
	(1.13)	(-3.31)
Roa	0.043	-0.058
	(0.54)	(-0.55)
Size	-0.010*	0.030***
	(-1.87)	(3.68)
Manhld	-0.363	0.175
	(-0.91)	(0.28)
First	-0.000	-0.001*
	(-0.93)	(-1.86)
Seperation	-0.000	0.001
	(-0.02)	(1.32)
Big4	-0.019	-0.011
	(-1.32)	(-0.61)
Cfo	0.116***	0.475***
	(3.77)	(12.53)
Netw	0.287***	0.525***
	(17.26)	(41.03)

续表

变量名	融资约束程度高	融资约束程度低
	Cash	Cash
Constant	0.324***	-0.316*
	(2.80)	(-1.85)
Firm_fixed	Yes	Yes
Year_fixed	Yes	Yes
Observations	2 078	2 079
R-squared	0.213	0.644

注：***、**、*分别表示1%、5%和10%的显著性水平，括号内为T值。

5.3.2 基于风险承担水平的异质性检验结果

为了检验风险承担水平对央企董事会试点改革影响企业现金持有水平的异质性效果，本书按照行业、年度企业风险承担水平的均值将样本风险承担水平高和风险承担水平低两组，对模型（4.1）进行分组检验，结果见表5-2。表5-2第1列，在风险承担水平高的企业，央企董事会试点变量（Board）与企业现金持有水平之间的关系显著为负，表明央企董事会试点改革能够有效降低企业的现金持有水平；而表5-2第2列，在风险承担水平低的企业，央企董事会试点变量（Board）与企业现金持有水平之间的关系并不显著，表明风险承担水平的差异对央企董事会试点改革的效果产生了调节作用。具体来说，对于风险承担水平高的企业，管理层通常更倾向于将现金资源用于高回报的投资项目或创新活动，减少不必要的现金储备，提升资金使用效率；而对于风险承担水平低的企业，管理层的风险规避倾向较强，更倾向于采取保守的财务策略，以应对未来的不确定性。这类企业即使在治理改革后，仍然倾向于保持较高的现金持有水平，用以满足预防性动机或交易性需求，从而削弱了改革对现金管理的影响。

表5-2　　基于风险承担水平的异质性检验结果

变量名	风险承担水平高	风险承担水平低
	Cash	Cash
Board	-0.031***	-0.016
	(-3.05)	(-1.51)
Age	-0.003**	-0.006***
	(-2.33)	(-4.34)
Roa	-0.140**	0.059
	(-2.02)	(0.34)
Size	0.029***	0.025***
	(4.64)	(3.30)
Manhld	-0.806	0.133
	(-1.18)	(0.30)
First	-0.000	-0.001***
	(-1.04)	(-3.13)
Seperation	0.000	0.000
	(0.25)	(0.24)
Big4	-0.033**	0.007
	(-2.02)	(0.39)
Cfo	0.451***	0.339***
	(16.66)	(8.63)
Netw	0.455***	0.647***
	(32.63)	(42.55)

续表

变量名	风险承担水平高	风险承担水平低
	Cash	Cash
Constant	-0.476***	-0.356**
	(-3.60)	(-2.19)
Firm_fixed	Yes	Yes
Year_fixed	Yes	Yes
Observations	2 078	2 079
R-squared	0.527	0.640

注：***、**、*分别表示1%、5%和10%的显著性水平，括号内为T值。

综上所述，分组回归结果支持本章的研究假设H5-2，验证了风险承担水平在央企董事会试点改革与企业现金持有水平之间的重要调节作用。在风险承担水平高的企业，央企董事会试点改革能够显著减少企业过度持有现金的行为，提高资源配置效率；而在风险承担水平低的企业，央企董事会试点改革的影响可能被企业的风险偏好弱化。这一发现进一步揭示了企业风险偏好对治理改革效果的重要影响，并为探索央企改革措施的差异化实施策略提供了有价值的实证支持。

5.3.3 基于控股股东持股比例的异质性检验结果

为了检验控股股东持股比例对央企董事会试点改革影响企业现金持有水平的异质性效果，本书按照行业、年度企业控股股东持股比例的均值将样本分为控股股东持股比例高和控股股东持股比例低两组，对模型（4.1）进行分组检验，结果见表5-3。表5-3第1列，在控股股东持股比例低的企业，央企董事会试点变量（Board）与企业现金持有水平之间的关系并不显著，表明央企董事会试点改革并未显著影响企业的现金持有水平；而表5-3第2列，在控股股东持股比例高的企业，央企董事会试点变量（Board）与企业现金持有水平之间的关系显著为负，表明控股股东持股比例的差异对央企董事会试点改革的效果产生了调节作用。具体来说，在控股股东持股比例高的企业，央企董事会试点改革显著降低了企业的现金持有水平。这种情况可能是因为在控股股东持股比例高时，控股股东与公司整体利益的一致性增强，能够通过更有效的治理和监督，推动管理层优化现金资源的配置，从而减少了企业持有过多现金的行为。此外，在控股股东持股比例高的企业，控股股东能够通过较强的控制权和较高的持股比例，对企业的经营决策产生更直接的影响，减少了管理层的自利行为。这种治理结构的优势使得企业能够更加注重资源配置的效率和效益，进而降低了企业的现金持有水平。同时，控股股东的高持股比例还增强了其对公司治理的关注度，进而提升了改革的实施效果和对现金管理的控制能力。因此，控股股东持股比例不仅影响企业的现金持有水平，还在央企董事会试点改革的效果上发挥重要的调节作用。

综上所述，分组检验结果表明支持本章的研究假设H5-3，控股股东持股比例对央企董事会试点改革影响企业现金持有水平具有显著的异质性。在控股股东持股比例低的企业，央企董事会试点改革未能显著影响企业的现金持有水平，而在控股股东持股比例高的企业，央企董事会试点改革则显著降低了企业的现金持有水平。这一结果表明，控股股东持股比例在央企董事会试点改革的效果中起到了关键的调节作用，且治理结构的集中度对现金管理的优化具有重要意义。

表5-3　　基于控股股东持股比例的异质性检验结果

变量名	控股股东持股比例高	控股股东持股比例低
	Cash	Cash
Board	-0.011	-0.025***
	(-1.04)	(-2.65)
Age	-0.006***	-0.072***
	(-2.99)	(-3.90)
Roa	-0.107	-0.161*
	(-1.12)	(-1.93)
Size	0.018**	0.007
	(2.33)	(1.14)
Manhld	-0.700	1.029**
	(-1.21)	(2.41)
First	0.000	-0.001*
	(0.37)	(-1.82)
Seperation	0.001	-0.000
	(1.64)	(-0.42)
Big4	-0.024	0.004
	(-1.48)	(0.21)
Cfo	0.323***	0.456***
	(11.20)	(14.93)
Netw	0.501***	0.488***
	(39.45)	(36.14)
Constant	-0.226	0.196
	(-1.36)	(1.34)
Firm_fixed	Yes	Yes
Year_fixed	Yes	Yes
Observations	2 076	2 081
R-squared	0.580	0.583

注：***、**、*分别表示1%、5%和10%的显著性水平，括号内为T值。

5.4 稳健性检验

为了进一步保证上述结论的可靠性，本章采用替换企业现金持有水平的衡量方式进行稳健性检验。首先，前文在衡量企业现金持有水平时，借鉴杨兴全和尹兴强（2018）的研究，以现金资产占非现金资产的比值来衡量现金持有水平。其中，现金资产用货币资金+短期投资（2007年之后为交易性金融资产）来衡量，非现金资产则等于总资产减去现金及现金等价物。本部分考虑到行业分类可能对企业现金持有水平产生重要影响，因此借鉴Harford等（2008）的做法，将经行业调整后的现金持有量（Newcash）作为新的被解释变量，带入到模型（4.1）中。其次，根据企业融资约束程度、风险承担水平和控股股东持股比例分组检验被替换企业现金持有量后的模型（4.1）。经行业调整后的现金持有量（Newcash）是基于企业所在行业的现金持有量基准值对企业现金持有水平进行调整，能够剔除行业特征对现金持有水平的系统性影响。这种调整方法能够更准确地反映企业自身的现金持有特征，避免由于行业间差异导致的偏差，提高回归结果的解释力和结论的可信度。最后，根据企业融资约束程度、风险承担水平和控股股东持股比例分组检验被替换企业现金持有量后的模型（4.1）。

表5-4为根据企业的融资约束程度进行异质性检验的结果。表5-4第1列，在企业面临高融资约束时，央企董事会试点变量（Board）与企业现金持有水平之间的关系并不显著；而表5-4第2列，在融资约束程度低的企业，央企董事会试点变量（Board）对控股上市公司现金持有水平的影响显著为负。再次验证了本章的研究假设H5-1，即融资约束程度在央企董事会试点改革对企业现金持有水平的影响中

发挥了重要的调节作用。这表明更换企业现金持有水平的衡量方式，并不会影响本章的结论，证明了本章研究结论的稳健性。

表5-4　　改变企业现金持有水平衡量方式后基于融资约束程度的异质性检验结果

变量名	融资约束程度高	融资约束程度低
	Newcash	Newcash
Board	0.006	-0.034**
	(0.74)	(-2.49)
Age	0.002	-0.075***
	(0.97)	(-2.90)
Roa	0.041	-0.041
	(0.45)	(-0.35)
Size	-0.004	0.031***
	(-0.63)	(3.44)
Manhld	0.366	0.172
	(0.81)	(0.25)
First	-0.000	-0.001**
	(-0.35)	(-2.10)
Seperation	0.000	0.001*
	(0.50)	(1.67)
Big4	-0.019	-0.018
	(-1.16)	(-0.87)
Cfo	0.129***	0.488***
	(3.73)	(11.54)
Netw	0.273***	0.461***
	(14.52)	(32.32)

续表

变量名	融资约束程度高	融资约束程度低
	Newcash	Newcash
Constant	0.006	-0.034^{**}
	(0.74)	(-2.49)
Firm_fixed	Yes	Yes
Year_fixed	Yes	Yes
Observations	2 078	2 079
R-squared	0.164	0.533

注：***、**、*分别表示1%、5%和10%的显著性水平，括号内为T值。

表5-5为根据企业的风险承担水平进行异质性检验的结果。表5-5第1列，在风险承担水平高的企业，央企董事会试点变量（Board）与企业现金持有水平之间的关系显著为负；而表5-5第2列，在风险承担水平低的企业，央企董事会试点变量（Board）与企业现金持有水平之间的关系并不显著。再次验证了本章的研究假设H5-2，即企业的风险承担水平在央企董事会试点改革对企业现金持有水平的影响中发挥了重要的调节作用。这表明更换企业现金持有水平的衡量方式，并不会影响本章的结论，证明了本章研究结论的稳健性。

表5-5 **改变企业现金持有水平衡量方式后基于风险承担水平的异质性检验结果**

变量名	风险承担水平高	风险承担水平低
	Newcash	Newcash
Board	-0.032^{***}	-0.007
	(-2.89)	(-0.58)

续表

变量名	风险承担水平高	风险承担水平低
	Newcash	Newcash
Age	-0.002*	-0.006***
	(-1.74)	(-4.22)
Roa	-0.193**	0.216
	(-2.53)	(1.20)
Size	0.030***	0.023***
	(4.34)	(2.94)
Manhld	-1.099	0.271
	(-1.46)	(0.59)
First	0.000	-0.002***
	(0.16)	(-3.12)
Seperation	0.001	0.001
	(1.00)	(0.85)
Big4	-0.049***	-0.008
	(-2.74)	(-0.43)
Cfo	0.451***	0.300***
	(15.15)	(7.46)
Netw	0.389***	0.537***
	(25.42)	(34.43)
Constant	-0.671***	-0.469***
	(-4.62)	(-2.82)
Firm_fixed	Yes	Yes
Year_fixed	Yes	Yes
Observations	2 078	2 079
R-squared	0.419	0.544

注：***、**、*分别表示1%、5%和10%的显著性水平，括号内为T值。

表5-6为根据企业的控股股东持股比例进行异质性检验的结果。表5-6第1列，在控股股东持股比例低的企业，央企董事会试点变量（Board）与企业现金持有水平之间的关系并不显著；而表5-6第2列，在控股股东持股比例高的企业，央企董事会试点变量（Board）与企业现金持有水平之间的关系显著为负。再次验证了本章的研究假设H5-3，即控股股东持股比例在央企董事会试点改革对企业现金持有水平的影响中发挥了重要的调节作用。这表明更换企业现金持有水平的衡量方式，并不会影响本章的结论，证明了本章研究结论的稳健性。

表5-6　**改变企业现金持有水平衡量方式后基于控股股东持股比例的异质性检验结果**

变量名	控股股东持股比例高	控股股东持股比例低
	Newcash	Newcash
Board	-0.004	-0.027**
	(-0.30)	(-2.49)
Age	-0.007***	-0.071***
	(-2.88)	(-3.38)
Roa	-0.046	-0.219**
	(-0.44)	(-2.32)
Size	0.027***	0.011
	(3.13)	(1.62)
Manhld	-0.830	1.307***
	(-1.30)	(2.71)
First	-0.000	-0.002**
	(-0.49)	(-2.16)

续表

变量名	控股股东持股比例高	控股股东持股比例低
	Newcash	Newcash
Seperation	0.002**	-0.000
	(2.27)	(-0.59)
Big4	-0.016	-0.028
	(-0.93)	(-1.29)
Cfo	0.327***	0.464***
	(10.23)	(13.48)
Netw	0.443***	0.420***
	(31.47)	(27.57)
Constant	-0.568***	-0.060
	(-3.08)	(-0.37)
Firm_fixed	Yes	Yes
Year_fixed	Yes	Yes
Observations	2 076	2 081
R-squared	0.471	0.459

注：***、**、*分别表示1%、5%和10%的显著性水平，括号内为T值。

5.5 本章小结

在第4章的基础上，本章进一步考察融资约束程度、风险承担水平以及控股股东持股比例对央企董事会试点改革与企业现金持有水平之间关系的异质性影响。本章以国资委实施的央企董事会试点改革作为准自然实验，选取2003—2018年A股国有上市公司的数据作为初始样本，采用倾向得分匹配和双重差分方法，从企业面临的融资约束环境、风险承担水平以及控股股东持股比例三个维度，深入检验央企董事会试点改革对企业现金持有水平的异质性影响，得出如下研究结论：

第一，基于融资约束视角，研究发现：与融资约束程度高的企业相比，央企董事会试点改革对企业现金持有程度的降低作用显著存在于融资约束程度低的企业中。这可能是因为融资约束程度低的企业，外部融资较为便利，其现金持有需求较低。央企董事会试点改革通过优化治理结构和提升资源配置效率，可以显著降低这类企业的现金持有水平。

第二，基于风险承担视角，研究发现：与风险承担水平低的企业相比，央企董事会试点改革对企业现金持有水平的降低作用显著存在于风险承担水平高的企业中。这可能是因为低风险承担水平企业的管理层通常具有更强的风险规避倾向，倾向于囤积大量现金以应对未来的不确定性需求。这类企业的现金持有策略主要受预防性动机驱动，即便在治理改革的背景下，由于其谨慎的财务管理倾向，可能仍然倾向于维持较高的现金水平，从而削弱了改革对现金持有水平的边际影响。

第三，基于控股股东持股比例视角，研究发现：与控股股东持股比例高的企业相比，央企董事会试点改革对企业现金持有水平的降低作用显著存在于控股股东持股比例低的企业中。这可能是因为控股股东的持股比例较高时，控股股东对管理层的监督意愿和约束力更强，企业现金持有策略更趋于高效配置。

6

央企董事会试点改革影响企业现金持有水平及其经济后果

第4章研究发现，央企董事会试点改革能够降低企业的现金持有水平。而央企董事会试点改革是国资委为优化央企治理结构、规范出资人权利履行、提高资源配置效率而实施的重要举措，其核心目标是通过改革实现国有资产的保值增值，增强国有经济的竞争力和活力。在这一背景下，企业现金持有水平的变化不仅仅是改革效果的重要体现，决定了是否能够进一步释放改革红利，促进企业价值的提升，也是亟待探讨的关键问题。

具体而言，试点改革通过强化董事会的决策能力和资源配置能力，推动了企业现金持有水平的优化。企业能够将更多的现金资源投入到研发活动中，并通过提高现金股利分配来激励投资者（La Porta et al.，2000；Fama and French，2001；Hall and Lerner，2010；许强等，2019）。随着企业资金使用效率的提高，企业不仅能够增强技术储备和创新能力，还能在市场竞争中占据更加有利的位置，从而实现持续的高质量增长。与此同时，央企董事会试点改革通过赋予董事会更高的决策权力和独立性，优化了董事会的成员构成。这种优化使得董事会对企业战略方向和重大财务决策的监督能力得到显著增强，进一步推动了企业治理结构的完善。改革后的董事会更加注重风险控制和资源配置的科学性，确保了资金的有效利用和企业长期发展目标的实现。这为企业的可持续发展奠定了坚实的治理基础，为企业价值的提升提供了强有力的支持。此外，通过强化董事会对管理层的监督和约束，试点改革有效减少了管理层滥用职权、过度持现以及低效投资等行为，并减少了由此带来的代理问题。这不仅优化了资本使用效率，还能降低国有资产的流失风险。试点改革的实施使得企业更加专注于长期战略发展，确保国有资产的保值增值（Xu 和 Wang，1999）。这一过程不仅提升了企业的整体治理水平，还为国有资本的增值提供了有力的制度保障。

基于上述分析，本章试图探讨央企董事会试点改革在降低企业现金持有水平的同时，能否促进企业价值的提升，并进一步通过稳健性检验提升本章研究结论的可靠性。

6.1 理论分析与研究假设

企业持有现金是为了应对不确定性、满足运营需求和把握投资机会，但过度持现行为会导致资源闲置、投资不足和代理问题，从而抑制企业价值增长。央企董事会试点改革通过治理优化，在降低企业现金持有水平的同时，更加注重资金的高效配置。

首先，试点改革强化了董事会的决策能力和资源配置能力，能够有效减少企业因治理缺陷导致的资金浪费。改革后，企业将更多现金资源投入研发活动，支持创新项目的发展（Hall and Lerner，2010；许强等，2019）。研发投入是企业竞争力提升的重要源泉。更多的研发投入不仅能够增强企业的技术储备和创新能力，还能为企业带来长期的市场竞争优势和高质量增长，从而显著提升企业价值（Li et al.，2008）。此外，研发投入所带来的技术突破和产品创新也有助于企业在全球市场上赢得更高的市场份额和品牌声誉。改革推动了国资委作为出资人的权利履行，明确了现金股利分配的优先地位。企业通过适当提高股东分红比例，将过剩现金回馈股东（La Porta et al.，2000；Fama and French，2001）。增加现金股利分配有助于提升投资者信心，改善企业资本市场表现，并提高企业在资本市场的声誉。这不仅直接提高了股东回报率，还通过资本市场效应间接提升了企业的市场价值（Jensen，1986）。合理的股利政策不仅满足了投资者的回报预期，还通过资本市场的监督和约束机制，推动企业管理层更加重视现金资源的高效使用，减少非必要开支和无效投资。

其次，试点改革赋予董事会更高的决策权力和独立性，优化了董事会成员构成，提升了其对企业战略方向和重大财务决策的监督能力。改革后的董事会更加注重引入外部独立董事以及具备国际化视野和专业背景的成员，使其能够对企业的资源配置和战略决策提出更具前瞻性和科学性的建议。而治理效率的提升能够显著增强企业资源配置的科学性和合理性，减少因低效决策导致的资源浪费，最终促进企业价值增长（谭洪涛和陈瑶，2019）。试点改革还通过明确董事会的权责界限，提高其独立监督的能力，减少了管理层滥用职权的风险，为企业长期可持续发展奠定了治理基础。

再次，通过强化董事会对管理层的监督和约束，试点改革有效降低了管理层利用过度持现、低效投资等行为追求个人利益的可能性。代理问题的减少不仅能够提升资本使用效率，还能增强投资者对企业治理质量的信心，从而带动企业价值的提升（La Porta et al.，2000）。试点改革引入了绩效考核和问责机制，使管理层的激励与企业的长期发展目标更加一致，降低了短期行为和道德风险，提升了企业整体治理水平。同时，治理优化也使企业更愿意承担创新风险，进一步加大了对研发和高回报项目的投入力度。

最后，试点改革明确了国资委作为出资人的权利和职责，通过建立制度化的监督机制，规范了国有资产的管理流程和监督体系。国资委的有效监督降低了国有资产流失的风险，同时推动企业更加关注长期发展目标，确保国有资产实现保值增值（Xu and Wang，1999）。试点改革通过完善绩效评估机制和信息披露制度，提升了国有企业运营的透明度和问责性，进一步强化了治理体系的高效运作。此外，国资委作为出资人的监督与市场化治理机制的结合，也使得国有企业能够在市场竞争中更好地发挥资源优势，实现国有资本的持续增值和企业价值的长期提升。

综上所述，央企董事会试点改革通过多层次的治理优化措施，有效减少了企业的过度持现行为和资源闲置问题，同时推动企业加大研发投入、优化资源配置、提升治理效率和强化市场化机制。这一系列改革措施为企业增强长期竞争力和可持续发展提供了有力支持，最终显著提升了企业的市场价值和股东回报水平。据此，本书提出研究假设：

H6-1：央企董事会试点改革降低企业现金持有水平有助于企业价值的提升。

6.2 研究设计

6.2.1 样本选取与数据来源

本章研究央企董事会试点改革在降低企业现金持有水平方面对企业价值的影响，因此样本选取标准与第4章基本保持一致。仍然以2003—2018年沪深A股上市国有企业作为初始样本。在董事会试点事件的时间确定上，本书参考李文贵等（2017）、黄华等（2020）、毛新述等（2022）、秦帅等（2024）的做法，以“企业召开建设规范董事会工作会议的时间”作为该企业开展董事会改革的时间，对于无法找到召开建设规范董事会工作会议时间的企业，则以该企业纳入试点时间作为开展董事会改革的时间。本书将2005—2016年间实施了董事会试点的央企控股上市公司作为处理组。同时，考虑到央企董事会试点改革是逐步推行的，所以央企是否进行董事会试点可能会具有非随机性，即存在“靓女先嫁”的问题。为解决这个问题，本书首先运用倾向得分匹配方法从A股上市国有企业（考察期内未实施董事会试点的国有控股上市公司）中为实施了董事会试点的央企控股上市公司匹配条件相当的企业作为对照，然后结合双重差分法对匹配后的样本进行回归。

本章所用的其他数据主要来源于国泰安（CSMAR）数据库。此外，本章还对数据进行了如下筛选：

（1）删除金融、保险类行业的公司；

（2）为了防止数据质量影响回归结果，删除ST、*ST公司以及数据异常的公司；

（3）删除缺失相关变量的公司；

（4）对主要连续变量进行了上下1%水平的缩尾处理，以降低极端值的影响。

6.2.2 模型设计

本章考察的是央企董事会试点改革降低企业现金持有水平对企业价值产生的影响。为了验证央企董事会试点改革降低企业现金持有水平是否有助于企业价值的提升，即本章的研究假设H6-1，本书借鉴Dittmar等（2005）的研究，采用Fama和French（1998）的现金持有价值模型，并参考杨兴全和尹兴强（2018）、杨兴全等（2020）的做法，构建了如下模型（6.1）：

$$MV_{i,t} = \beta_0 + \beta_1 Cash_{i,t} + \beta_2 Board_{i,t} + \beta_3 Cash_{i,t} \times Board_{i,t} + \beta_4 Controls_{i,t} + \delta_i + \lambda_t + \varepsilon_{i,t} \tag{6.1}$$

模型（6.1）中，被解释变量$MV_{i,t}$代表的是企业价值，$Cash_{i,t}$是企业现金持有量，$Board_{i,t}$是央企董事会试点改革的虚拟变量。$Controls_{i,t}$表示的是本模型的控制变量，代表的是一系列影响企业现金持有水平的变量。δ_i代表个体固定效应，λ_t代表时间固定效应。$Cash_{i,t} \times Board_{i,t}$的估计系数$\beta_3$反映了央企董事会试点改革降低企业现金持有水平对企业价值产生的影响，是本章的重点关注对象。如果β_3

大于0，代表央企董事会试点的实施在显著降低其控股上市公司的现金持有水平后，能够提升企业价值；如果β_3小于0，代表央企董事会试点的实施在降低其控股上市公司的现金持有水平后，并不能够提升企业价值。结合前文的理论推导，本书预期$Cash_{i,t} \times Board_{i,t}$的估计系数$\beta_3$将会大于0。

6.2.3 变量定义

（1）被解释变量

被解释变量*MV*代表的是企业价值，参考杨兴全和尹兴强（2018）、杨兴全等（2020）的研究，以托宾Q（TobinQ）和经行业中位数调整后的托宾Q（NewTob）来衡量。

（2）解释变量

解释变量Cash为企业现金持有水平。借鉴杨兴全和尹兴强（2018）的研究，本书以现金资产占非现金资产的比值来衡量现金持有量。其中，现金资产用货币资金+短期投资（2007年之后为交易性金融资产）来衡量，非现金资产则等于总资产减去现金及现金等价物。此外，鉴于行业分类会影响到企业现金持有量，本书还将经行业调整后的现金持有水平用于稳健性检验。解释变量Board是企业实际控制人是否实施董事会试点的虚拟变量。处理组企业的实际控制人实施董事会试点当年及以后年度取值为1，其他情况取值0。本章关注的是Cash×Board的回归系数，如果交乘项的系数大于0，那么意味着央企董事会试点带来的现金持有水平的降低能够提升企业价值。

（3）控制变量

参考已有文献（陆正飞和韩非池，2013；杨兴全和尹兴强，2018；梁上坤等，2022；钱雪松等，2024），本章选取的控制变量包括公司年龄（Age）、盈利能力（Roa）、公司规模（Size）、管理层持股比例（Manhld）、股权集中度（First）、两权分离度（Separation）、是否由“四大”审计（Big4）、经营性现金流比例（Cfo）、营运资本（Netw）。变量具体定义及解释可参见表6-1。

表6-1 主要变量定义与解释

变量名称		变量符号	变量说明
被解释变量	企业价值	MV	托宾Q
解释变量	现金持有水平	Cash	（货币资金+短期投资（2007年之后为交易性金融资产））/非现金资产（总资产-现金及现金等价物）
	央企董事会试点改革虚拟变量	Board	处理组实施试点当年及以后年度取值为1，其他情况取值0
控制变量	公司年龄	Age	Ln（1+公司上市年限）
	盈利能力	Roa	净利润/总资产
	公司规模	Size	总资产的自然对数
	管理层持股比例	Manhld	管理层持股数/总股数
	股权集中度	First	第一大股东持股比例
	两权分离度	Separation	实际控制人拥有上市公司控制权与所有权之差
	是否由“四大”审计	Big4	上市公司年报由四大审计取值为1，否则取值为0
	经营性现金流比率	Cfo	经营活动现金流净额/净资产
	营运资本	Netw	净营运资本/净资产

6.3 实证结果与分析

6.3.1 描述性统计

表6-2是本章主要变量的描述性统计结果。从表中可以看出，被解释变量TobinQ的平均值是1.700，中位数是1.363，标准差为1.076，最小值为0，最大值是13.803，说明样本国有企业的托宾Q值差距较大。被解释变量NewTob的情况与TobinQ基本保持一致。解释变量Cash×Board的平均值是0.064，说明受到央企董事会试点改革影响的国有企业的平均现金持有水平是6.4%，与此同时Cash×Board的中位数是0，意味着受到央企董事会试点改革影响的国有企业的整体现金持有水平是较低的。因为本章是在前文研究的基础上，进一步考察央企董事会试点改革降低企业现金持有水平导致的经济后果，所以其余变量的情况与第4章基本一致，此处不再赘述。

表6-2 主要变量描述性统计

变量名	样本量	平均值	标准差	最小值	中位数	最大值
TobinQ	4 157	1.700	1.076	0.000	1.363	13.803
NewTob	4 157	0.240	0.936	-4.499	0.000	12.191
Cash	4 157	0.235	0.250	0.011	0.153	1.434
Board	4 157	0.264	0.441	0.000	0.000	1.000
Cash×Board	4 157	0.064	0.171	0.000	0.000	1.434
Age	4 157	2.994	0.330	1.609	3.091	3.367
Roa	4 157	0.043	0.042	-0.149	0.035	0.192
Size	4 157	22.553	1.466	19.180	22.350	28.510

续表

变量名	样本量	平均值	标准差	最小值	中位数	最大值
Manhld	4 157	0.003	0.012	0.000	0.000	0.090
First	4 157	41.661	15.35	3.690	41.650	89.090
Separation	4 157	4.838	8.142	0.000	0.000	43.340
Big4	4 157	0.126	0.331	0.000	0.000	1.000
Cfo	4 157	0.067	0.105	−0.658	0.060	1.172
Netw	4 157	0.202	0.384	−1.742	0.151	4.899

6.3.2 相关性分析

应用Stata软件对本章的被解释变量、解释变量和控制变量进行了Pearson相关系数分析，结果见表6-3和表6-4。

表6-3是将TobinQ作为被解释变量的相关系数分析结果，各变量之间的相关系数的绝对值均小于0.5，说明各变量之间不存在严重的多重共线性问题。

具体来看，被解释变量企业价值TobinQ与解释变量Cash×Board之间的相关系数为0.175，且在1%的水平上显著，说明央企董事会试点改革对企业现金持有水平的降低能够提升企业价值。

表6-4是将经行业中位数调整后的托宾Q值（NewTob）作为被解释变量的相关系数分析结果，各变量之间的相关系数的绝对值均小于0.5，说明各变量之间不存在严重的多重共线性问题。

具体来看，被解释变量企业价值NewTob与解释变量Cash×Board之间的相关系数为0.163，且在1%的水平上显著，初步支持本章的研究假设H6-1，为了明晰央企董事会试点改革与企业现金持有水平之间的作用关系，还需进一步进行回归分析。

表6-3 将TobinQ作为被解释变量的相关性分析

	TobinQ	Cash	Board	Cash×Board	Age	Roa	Size	Manhld	First	Seperation	Big4	Cfo	Netw
TobinQ	1												
Cash	0.199***	1											
Board	0.101***	0.023	1										
Cash×Board	0.175***	0.430***	0.428***	1									
Age	-0.062***	-0.183***	-0.051***	-0.089***	1								
Roa	0.226***	0.276***	-0.045***	0.074***	-0.110***	1							
Size	-0.353***	-0.196***	0.114***	-0.039**	0.066***	-0.031**	1						
Manhld	0.100***	0.145***	0.013	0.047***	-0.317***	0.146***	-0.067***	1					
First	-0.122***	0.049***	0.006	0.028*	-0.141***	0.092***	0.213***	-0.129***	1				
Seperation	-0.052***	-0.034**	0.027*	-0.007	0.115***	0.026*	0.00100	-0.060***	0.051***	1			
Big4	-0.130***	-0.071***	-0.014	-0.015	0.077***	0.089***	0.404***	-0.054***	0.150***	0.132***	1		
Cfo	0.067***	0.316***	-0.026*	0.071***	-0.057***	0.359***	0.018	0.015	0.083***	0.017	0.047***	1	
Netw	0.277***	0.739***	0.065***	0.343***	-0.231***	0.293***	-0.273***	0.221***	0.010	-0.060***	-0.090***	0.081***	1

注：表中为Pearson检验系数，***、**、*分别表示1%、5%和10%的显著性水平。

表6-4 将NewTob作为被解释变量的相关性分析

	Newtob	Cash	Board	Cash×Board	Age	Roa	Size	Manhld	First	Seperation	Big4	Cfo	Netw
NewTob	1												
Cash	0.163***	1											
Board	0.086***	0.023	1										
Cash×Board	0.163***	0.430***	0.428***	1									
Age	-0.036**	-0.183***	-0.051***	-0.089***	1								
Roa	0.223***	0.276***	-0.045***	0.074***	-0.110***	1							
Size	-0.351***	-0.196***	0.114***	-0.039**	0.066***	-0.031**	1						
Manhld	0.072***	0.145***	0.013	0.047***	-0.317***	0.146***	-0.067***	1					
First	-0.110***	0.049***	0.006	0.028*	-0.141***	0.092***	0.213***	-0.129***	1				
Seperation	-0.059***	-0.034**	0.027*	-0.007	0.115***	0.026*	0.001	-0.060***	0.051***	1			
Big4	-0.124***	-0.071***	-0.014	-0.015	0.077***	0.089***	0.404***	-0.054***	0.150***	0.132***	1		
Cfo	0.058***	0.316***	-0.026*	0.071***	-0.057***	0.359***	0.018	0.015	0.083***	0.017	0.047***	1	
Netw	0.253***	0.739***	0.065***	0.343***	-0.231***	0.293***	-0.273***	0.221***	0.0100	-0.060***	-0.090***	0.081***	1

注：表中为Pearson检验系数，***、**、*分别表示1%、5%和10%的显著性水平。

此外，为了确保本书分析结果的稳健性，本书还对模型（4.1）的各变量进行了VIF方差膨胀因子检验，结果显示所有变量之间的方差膨胀因子均是小于10的，再次证明了本章各变量之间不存在多重共线性问题。

6.3.3 多元回归分析

表6-5列示了央企董事会试点改革降低企业现金持有水平对企业价值的影响结果。其中，第1列的被解释变量为TobinQ，第2列的被解释变量为经行业中位数调整过的托宾Q值（NewTob）。从表中可以看出，第1列和第2列央企董事会试点与企业持现水平的交互项的系数分别为0.500和0.631，且均在1%的显著性水平下为正，说明在央企董事会试点改革下，企业现金持有水平的降低有助于提升企业价值，支持本章的研究假设H6-1。这一结果表明，央企董事会试点改革不仅优化了企业的现金管理，还通过提高资金使用效率和改善资金配置，推动了企业的长期发展。

表6-5 **央企董事会试点、现金持有与企业价值**

变量名	TobinQ	NewTob
Cash	−0.608***	−0.662***
	（−4.52）	（−5.40）
Board	−0.067	−0.105*
	（−1.12）	（−1.95）
Cash×Board	0.500***	0.631***
	（3.70）	（5.12）
Age	1.668	1.005
	（0.64）	（0.42）

续表

变量名	TobinQ	NewTob
Roa	4.348***	3.875***
	(9.97)	(9.74)
Size	-0.525***	-0.477***
	(-16.57)	(-16.52)
Manhld	-7.316***	-8.167***
	(-2.96)	(-3.63)
First	-0.001	-0.002
	(-0.62)	(-1.22)
Seperation	-0.006*	-0.004
	(-1.86)	(-1.40)
Big4	0.060	0.006
	(0.72)	(0.08)
Cfo	0.589***	0.541***
	(3.78)	(3.81)
Netw	0.101	0.123
	(1.14)	(1.52)
Constant	7.635	7.418
	(0.98)	(1.04)
Firm_fixed	Yes	Yes
Year_fixed	Yes	Yes
Observations	4 157	4 157
R-squared	0.258	0.132

注：***、**、*分别表示1%、5%和10%的显著性水平，括号内为T值。

结合上文可以进一步分析，央企董事会试点改革通过强化对控股上市公司管理层的监督，成功减少了管理层的超额现金持有行为，并有效避免了现金资源的闲置与低效使用。管理层在改革后受到更加严格的监督和激励机制的约束，降低了过度持现的倾向，进而优化了资金的配置。

这种资金配置的优化使得企业能够将更多的现金投入到具有长期发展潜力的项目，如研发、技术创新等项目，从而增强了企业的核心竞争力，提高了企业的市场地位。

同时，改革通过规范董事会建设，提升了其独立性和决策效率，为企业提供了更为科学和合理的资源配置方案。企业治理结构的完善不仅减少了管理层的代理问题，还提高了决策过程的透明度和公正性，从而增强了投资者和其他利益相关方的信任。

进一步讲，规范化的董事会建设为国有企业提供了更加清晰的战略方向和发展目标，确保了国有资产的有效利用和保值增值。

这一系列的改革措施表明，央企董事会试点改革有效促进了国有企业法人治理结构的完善，推动了国有资本的增值与发展。

通过提高企业价值，改革不仅促进了国有企业的竞争力提升，也为国有资本的做强做优做大提供了坚实的治理基础。这一发现进一步验证了规范和优化董事会治理结构对提升国有企业市场表现和长远发展的关键作用。

6.4 稳健性检验

为了进一步保证上述结论的可靠性，本章采用替换企业现金持有量的衡量方式进行稳健性检验。

前文在衡量企业现金持有水平时，借鉴杨兴全和尹兴强（2018）

的研究，以现金资产占非现金资产的比值来衡量现金持有量。其中，现金资产用货币资金+短期投资（2007年之后为交易性金融资产）来衡量，非现金资产则等于总资产减去现金及现金等价物。

本章考虑到行业分类可能对企业现金持有量产生重要影响，因此借鉴Harford等（2008）的做法，将经行业调整后的现金持有量（Newcash）作为新的被解释变量，带入到模型（6.1）中。

经行业调整后的现金持有量（Newcash）是基于企业所在行业的现金持有量基准值对企业现金持有量进行调整，能够剔除行业特征对现金持有水平的系统性影响。这种调整方法能够更准确地反映企业自身的现金持有特征，避免由于行业间差异导致的偏差，提高回归结果的解释力和结论的可信度。

替换企业现金持有量的衡量方式后的回归结果见表6-6。其中，第1列的被解释变量为TobinQ，第2列的被解释变量为经行业中位数调整过的托宾Q值（NewTob）。

表6-6 央企董事会试点、现金持有与企业价值的稳健性检验结果

变量名	TobinQ	NewTob
NewCash	−0.641***	−0.703***
	(−4.77)	(−5.75)
Board	0.005	−0.015
	(0.10)	(−0.32)
NewCash×Board	0.651***	0.821***
	(4.57)	(6.33)
Age	1.698	1.043
	(0.65)	(0.44)

续表

变量名	TobinQ	NewTob
Roa	4.353***	3.881***
	(9.99)	(9.78)
Size	-0.523***	-0.474***
	(-16.53)	(-16.47)
Manhld	-7.479***	-8.372***
	(-3.03)	(-3.73)
First	-0.001	-0.002
	(-0.61)	(-1.20)
Seperation	-0.006*	-0.004
	(-1.82)	(-1.35)
Big4	0.056	0.001
	(0.68)	(0.01)
Cfo	0.590***	0.543***
	(3.80)	(3.84)
Netw	0.106	0.129
	(1.19)	(1.59)
Constant	7.511	7.262
	(0.96)	(1.02)
Firm_fixed	Yes	Yes
Year_fixed	Yes	Yes
Observations	4 157	4 157
R-squared	0.260	0.136

注：***、**、*分别表示1%、5%和10%的显著性水平，括号内为T值。

从表6-6中可以看出，第1列和第2列央企董事会试点与企业持现水平的交互项的系数分别为0.651和0.821，且均在1%的显著性水平下为正，说明在央企董事会试点改革下，企业现金持有水平的降低有助于提升企业价值，再次支持本章的研究假设H6-1。这表明，更换企业现金持有水平的衡量方式，并不会影响本章的结论，证明本章研究结论具有稳健性。

6.5 本章小结

本章是在第4章央企董事会试点改革对企业现金持有水平的影响研究的基础上，进一步从经济后果角度，探讨央企董事会试点改革降低企业现金持有水平会对企业价值产生怎样的影响，并依据研究结论提出了稳健性建议。

本章借鉴Dittmar等（2005）的研究，采用Fama和French（1998）的现金持有价值模型，并参考杨兴全和尹兴强（2018）、杨兴全等（2020）的做法构建模型来检验央企董事会试点改革降低企业现金持有水平对企业价值的影响，得到如下研究结论：

央企董事会试点改革下的现金减持可以显著提升企业的价值。试点改革通过强化董事会的决策能力和资源配置能力，推动了企业现金持有水平的优化，提高了企业资金使用效率，这为企业的可持续发展奠定了坚实的治理基础，为企业价值的提升提供了强有力的支持。

7

研究结论、政策建议与不足之处

本章首先结合前文制度背景、理论基础与实证检验等部分的内容，分别梳理总结央企董事会试点改革对企业现金持有水平的影响效果、央企董事会试点改革影响企业现金持有水平的异质性情况以及央企董事会试点改革影响企业现金持有的经济后果。其次，基于上述研究结果，本章从政府层面和国有企业层面两个维度进一步提出政策建议。最后，本章对本书研究中尚存的局限性以及本书研究的不足之处进行了梳理总结，并对未来可能的研究方向进行了展望。

7.1 研究结论

央企董事会试点改革是由国资委推动实施的一项重要治理举措。自2004年起，国务院国资委在部分中央企业中开展董事会建设试点，旨在通过优化中央企业的法人治理结构，强化董事会在决策、监督和治理过程中的核心作用，提升国有企业的治理效率和市场竞争力。该改革为国有企业实现高质量发展提供了坚实的制度保障，对推动国有资本做强、做优、做大具有深远的战略意义。本书以国资委推动的央企董事会试点改革作为准自然实验，利用2003—2018年A股国有上市公司的数据作为初始样本，采用倾向得分匹配（PSM）与双重差分（DID）方法，实证检验央企董事会试点改革对企业现金持有的影响效果、异质性分析与经济后果，得出以下研究结论：

首先，央企董事会试点改革显著降低了其控股上市公司的现金持有量。这一效果主要得益于改革通过规范化的董事会建设，有效缓解了央企中多层级委托代理链条引发的代理问题。试点改革强化了所有者职能的到位执行，增强了控股股东的监督能力，能够对下属控股上市公司高管的不作为现象进行有力约束。同时，改革通过优化董事会结构，引入外部董事，进一步弱化了央企“内部人控制”的问题，抑制了柔性约束下管理层的自利行为。这些治理机制的改善直接抑制了企业过度持现的倾向，从而显著减少了国有上市公司的现金持有水平。在进一步考察央企董事会试点改革力度对企业现金持有水平的影响时，研究发现，母公司对上市公司的控制权比例是影响试点改革效果的重要因素。具体而言，母公司持股比例越高，其对子公司的控制力与决策影响力越强，改革的实施效果也越为显著。较高的持股比例增强了母公司在资源分配和资金管理方面的主导权，使其能够更有效地约束下属控股上市公司过度持现的行为，从而在降低现金持有水平方面表现出更强的改革效果。因此，央企董事会试点改革力度与对子公司现金持有水平的约束效果呈正相关关系，这表明母公司持股比例在改革成效中的关键作用。在现金持有配置策略方面的深入研究表明，央企董事会试点改革不仅促使控股上市公司降低了过高的现金持有水平，还对企业的现金使用方式产生了积极影响。具体而言，改革释放出的多余现金被更高效地配置，用于推动企业长期发展和股东价值的实现。例如，改革促使企业加大研发投入，为技术创新提供资金支持，从而提升企业的核心竞争力；同时，企业通过增加现金股利分配直接回馈股东，增强资本市场对企业的信心。这种优化的现金使用方式不仅提高了企业的资金使用效率，还进一步促进了治理与财务行为的良性互动。综上所述，央企董事会试点改革通过完善治理结构和优化现金管理机制，成功缓解了代理问题，显著提升了企业的资源配置效率。这一改革既减少了国有上市公司高额持现的现象，又推动了资金在研发与股利分配等高效领域的再分配，为国有企业的高质量发展提供了强有力的支持。

其次，本书从融资约束、风险承担水平以及控股股东持股比例三个维度，深入探讨了央企董事会试点改革对企业现金持有水平的异质性影响，得出了以下主要结论：第一，基于融资约束的视角，研究发现，央企董事会试点改革对现金持有水平的降低作用在融资约束较小的企业中表现得更加显著。这可能是因为融资约束较低的企业能够更容易获得外部融资，其对现金储备的依赖性较低，持现需求主要来源于交易性和投资性动机。在这一情境下，央企董事会试点改革通过优化公司治理结构和提高资源配置效率，能够更加有效地约束企业的过度持现行为，促使资金流向更高效的用途。相反，对于融资约束较大的企业，由于外部融资成本较高且资金获取渠道有限，它们往往需要储备更多现金以应对未来潜在的资金不足问题。这种预防性动机在一定程度上削弱了董事会试点改革对其现金管理行为的改善效果。第二，从风险承担水平的角度，研究发现，央企董事会试点改革对高风险承担企业现金持有水平的降低作用更为显著，而对低风险承担企业的影响相对较弱。这是因为高风险承担水平的企业管理层通常更倾向于将资金投入到高回报的投资项目中，其现金管理策略更具进取性和战略导向性。改革通过加强治理，进一步优化资源配置和投资决策，能够显著减少这类企业的过度持现行为。而对于低风险承担水平的企业，管理层通常表现出较强的风险规避倾向，更倾向于囤积现金以应对未来的不确定性。这些企业的现金持有策略更多地受到预防性动机驱动，即使在改革背景下，由于其谨慎的财务管理方式，仍可能保持较高的现金持有水平，削弱了改革对其现金管理行为的作用。第三，从控股股东持股比例的角度，研究表明，央企董事会试点改革对股东持股比例较低的企业的现金持有水平的降低作用更为显著。这可能是因为当控股股东持股比例较低时，其对子公司管理层的监督意图和约束力相对较弱，企业的治理质量和资金使用效率存在提升空间。在此背景下，董事会试点改革通过强化控股股东的监督能力和决策影响力，可以显著改善这些企业的现金管理行为。而对于控股股东持股比例较高的企业，由于控股股东对管理层的控制力较强，企业的现金持有策略已经较为规范，资金使用效率相对较高，因此改革对其现金持有水平的影响相对有限。

最后，本书以央企董事会试点改革对企业现金持有影响的研究为基础，进一步从经济后果的角度探讨了该改革在降低企业现金持有水平的同时，对企业价值产生的深远影响。研究表明，央企董事会试点改革通过优化公司治理结构和现金管理机制，对提升企业价值具有显著作用。具体而言，改革通过完善治理机制，显著降低了企业现金持有水平，提高了企业的资金使用效率。这种优化不仅减少了资金在低效储备中的占用，还推动了资源向高效投资方向的配置。例如，改革释放的多余现金被用于支持研发投入和资本性支出等高回报领域，从而增强了企业的市场竞争力和技术创新能力。这一资源配置的优化为企业的长期发展奠定了坚实基础。此外，央企董事会试点改革还通过强化董事会的决策能力和监督功能，减少了管理层因代理问题导致的现金滥用行为。通过增强对企业内部资源配置的控制力，改革有效约束了管理层的自利行为，降低了柔性约束下的资金挪用和浪费现象。这一治理改善不仅提升了企业内部的透明度和治理效率，还为实现企业价值的稳步提升创造了更加健康的经营环境。

7.2 政策建议

7.2.1 政府层面

（1）持续推进国企市场化机制建设，完善法人治理结构。政府应持续推动国有企业的市场化改革，特别是通过完善法人治理结构，优化董事会的权责配置，从而进一步提高治理效率。规范化的董事会建设能够有效增强董事会成员的受托责任，提升其对企业决策和监督的积极性。强化董事会的监督作用有助于减少企业的代理问题，防止管理层在资源配置和资金使用上的不当行为，尤其是过度持有现金的情况。通过治理结构的优化，企业能够更加合理地配置资金，避免资金的低效储备，从而提高现金持有的价值。此外，通过改进治理结构，国有企业可以实现资金从低效储备向高效用途流转，支持创新、研发及其他核心业务的投资，促进企业长期发展和竞争力提升。这不仅能够帮助企业实现国有资产的保值增值目标，还能促进资源的高效配置。完善的法人治理结构能够提升企业的市场化运营能力，使企业能够在变化的市场环境中更加灵活应对竞争，增强市场竞争力。

（2）规范外部董事制度，增强董事会的独立性与专业性。借鉴国际成熟市场的成功经验，推动国有企业引入更多具备专业能力和行业经验的外部董事，是完善公司治理结构、提高治理效率的重要举措。外部董事作为不直接参与企业日常经营的独立成员，能够在董事会决策和监督过程中起到独立、公正的关键作用。这一制度设计既有助于平衡董事会内部权力结构，也能够有效减少“内部人控制”现象的发生。外部董事的独立性和专业性对优化企业的资源配置效率和现金管理行为具有显著作用。首先，外部董事通常拥有广泛的行业知识和管理经验，他们能够从更为客观的视角审视企业的战略决策，提出切实可行的改进建议。例如，在企业资金分配方面，外部董事能够推动资源从低效领域向研发、创新和资本性支出等高效方向转移，从而提高企业的整体运营效率。其次，外部董事的独立地位有助于强化对管理层的监督作用，遏制管理层可能存在的自利行为，防止资源的浪费和滥用，尤其是在国有企业较为复杂的委托代理结构中，这一机制尤为重要。

（3）优化国企激励机制，提升高管风险承担能力。针对当前国企激励机制不健全、高管薪酬受限等问题，政府应出台政策，构建更加科学合理的高管薪酬体系，激励机制应与企业绩效和长期发展目标挂钩，以实现激励与约束的动态平衡。通过差异化的薪酬激励措施，例如股权激励、长期绩效奖金和利润分红，高管的利益将与企业长期发展成果紧密结合，从而激发其参与高风险高回报创新投资的积极性，推动企业向技术密集型和创新驱动型方向转型。此外，优化激励机制还能够增强高管的责任感，使其更加关注企业的可持续发展。在现有薪酬限制的基础上，适度放宽对高管薪酬的约束，为企业吸引和留住高水平管理人才创造条件。通过优化激励机制，高管团队将更加愿意承担合理风险，为企业制定更加积极的创新战略，促进资源的高效配置和核心竞争力的提升。健全激励机制，不仅能够推动高管主动适应市场竞争环境，还能为国企实现高质量发展奠定坚实的管理基础。

（4）加强对现金使用效率的监督，推动资源合理配置。政府应建立全面的国企现金管理监督机制，通过动态监管和科学评价，确保企业资金得到高效使用，避免低效积压和浪费。具体而言，构建以现金使用效率为核心的评价体系至关重要，该体系应明确企业现金储备水平与其发展战略、行业特性和未来需求之间的匹配要求。通过科学设置指标，企业可优化现金储备政策，减少无效储备，增强资金在推动企业核心业务和创新活动中的支持力度。此外，政府应加强对企业现金使用的审计和监管，重点防止因治理缺陷导致的资源错配或滥用现象。例如，通过定期审查企业的现金流向，确保资金被用于高效领域，如技术研发、资本性支出或战略性扩张项目，而非低效甚至非生产性用途。对发现的问题，政府应采取纠正措施，并强化责任追究，形成治理闭环，以提升企业的治理透明度和财务纪律。

（5）完善外部融资环境，降低企业过度持现动机。政府应通过多方面改革，推动资本市场建设，拓宽国企外部融资渠道，降低企业获取资金的成本。一方面，加强债券市场建设，完善债券发行机制，为企业提供更便捷、高效的直接融资途径；另一方面，积极鼓励股权融资，降低股权融资成本，推动资本市场为企业提供更多长期资金支持。此外，优化银行贷款机制，提高贷款审批效率和灵活性，确保企业能够及时获得所需资金，减少对内部现金储备的过度依赖。融资环境的改善能够显著降低企业因融资约束而导致的高额现金持有问题。企业在外部融资渠道畅通、融资成本降低的情况下，可以更灵活地调整现金管理策略，将更多资金用于高效的投资活动，如技术研发和业务拓展。这不仅有助于优化企业资源配置，还能够提升其市场竞争力。此外，政府还可以通过政策支持进一步激励企业，例如提供研发支出的税收优惠、融资担保和专项补贴，降低企业创新活动的资金压力。这些政策将引导企业将资金投入更具前瞻性的创新项目中，推动企业从资金积累向高效配置转型，最终实现经济效益和社会效益的双赢，为国家经济高质量发展注入新动力。

7.2.2 国有企业层面

（1）合理配置现金资源，提升资金使用效率。国有企业应根据自身的经营环境和发展战略，科学制定资金管理策略，优化现金资源配置，提升资金使用效率。首先，现金持有水平较高的企业应主动评估资金储备的合理性，避免资源的低效积压和浪费。企业可以通过深入分析经营环境和未来投资需求，制定更精准的现金管理计划，将过多的现金储备转化为推动创新和发展的动力源。尤其是技术驱动型和创新型行业，应将更多资金投入到研发项目中，支持核心技术的突破和产品升级，从而提升企业的创新能力和市场竞争力。其次，通过适度分发现金股利，向资本市场传递企业稳健经营的良好信号，增强股东信心。合理的现金分红政策不仅能够提升企业在资本市场的吸引力，还可以优化资本结构，促进资金的高效循环和利用。此外，优化分红政策还能激发股东对企业的长期支持，形成企业与股东的双赢局面。最后，国有企业在制定现金管理策略时，应注重平衡短期流动性需求与长期发展目标。企业可通过构建动态监控和管理机制，实时跟踪现金流动及使用情况，确保资金使用符合企业发展战略。同时，通过加强内部管理和外部审计，提升现金使用的透明度和合规性，从而实现资金的高效配置，助力企业价值的持续增长。

（2）完善激励与约束机制，提升管理层的积极性，并增强其责任感。针对管理层的风险规避倾向，国有企业应建立科学合理的激励与约束机制，以激发管理层的创新动力和责任感。首先，应推动管理层薪酬制度的改革，将薪酬与企业的经营绩效和长期发展目标挂钩。通过设计差异化的薪酬激励计划，例如长期绩效奖金、股权激励和分红激励等，激励管理层更加积极地追求企业的长期利益，避免因短期利益导向导致的低效经营行为。其次，适度放宽高管薪酬限制，以提高国有企业对高端管理人才的吸引力。在技术密集型和市场化程度较高的行业中，高管薪酬应体现其对企业核心竞争力提升的贡献，确保企业在激烈的市场竞争中具备吸引顶尖管理人才的能力。此外，应强化对管理层的绩效考核和问责机制，通过设立清晰的考核指标，定期评估管理层的履职表现。对于未能完成目标或管理失误的情况，应及时采取纠正措施，甚至调整管理团队。合理的激励与约束机制不仅能够提升管理层的积极性，还能够增强其责任感，促使其将企业发展目标与个人职业发展紧密结合，最终推动企业实现高质量发展。

（3）因地制宜制定财务策略，优化现金管理行为。国有企业应根据自身所属行业性质、市场地位及融资环境，因地制宜地制定财务策略，以优化现金管理行为。首先，对于融资约束较低的企业，应进一步压缩现金持有水平，将更多资金用于高回报项目或创新活动。例如，这类企业可以加大对研发投入的力度，推动技术突破和产品升级，从而增强市场竞争力。对于处于快速扩张阶段的企业，可优先将现金用于资本性支出和战略性并购，以提升市场份额和业务覆盖范围。其次，对于融资约束较大的企业，应优先建立合理的现金储备，以确保在不确定环境下维持运营稳定性。企业应通过细化预算管理和动态监控，确保现金储备能够充分覆盖短期债务和运营成本，兼顾未来潜在投资的资金需求。此外，这类企业可寻求拓宽融资渠道，降低资金成本，从根本上缓解现金储备过高或过低的问题。最后，无论融资环境如何，国有企业都应建立科学的现金管理机制，确保资金流向与企业发展战略高度一致。

7.3 研究不足与展望

尽管本书围绕央企董事会试点改革对企业现金持有及其经济后果的影响进行了深入探讨，但受研究条件和数据可得性的限制，仍然存在一些不足之处，这也为未来的研究提供了改进空间和方向。具体如下：

第一，研究变量的测量方法存在改进空间。在测量企业现金持有水平和资源配置效率时，本书采用了常见的指标体系，但未能全面覆盖现金管理的复杂性。例如，现金持有的动态变化趋势和现金使用细节（如投资分布和股利支付的具体构成）未被充分考虑。此外，关于董事会改革力度的衡量主要基于母公司持股比例，未能充分捕捉董事会内部治理机制的多样化特征，如外部董事比例和董事会专业性对改革效果的影响。未来研究可尝试引入更精细化的衡量指标，以提升分析的全面性和准确性。

第二，未能深入探讨治理改革的长期动态效应。本书主要从短期视角分析了央企董事会试点改革对现金持有和企业价值的影响，但改革的长期效应，特别是对企业战略调整、创新能力和可持续发展等方面的影响，未能充分展开。未来研究可以采用动态面板模型或事件研究法，考察改革的长期经济后果，揭示其对企业治理与绩效提升的深远影响。

第三，由于企业数据的披露质量存在差异，特别是样本中非上市企业的信息披露较少，可能存在未被观察到的公司特征对研究结论产生影响的问题。尽管本书采取了倾向得分匹配和稳健性测试，但潜在的内生性问题仍可能影响结果的解释力。未来研究可尝试引入更强的工具变量或设计更细致的实证模型，以进一步控制这些潜在偏差。未来的研究可结合更多样本、更精细的分析方法以及更长时间跨度的数据，进一步深化对董事会试点改革的全景式理解，以为政策制定和理论研究提供更全面的支持。

参考文献

[1] 白俊，连立帅．国企过度投资溯因：政府干预抑或管理层自利？[J]．会计研究，2014（2）：41-48；95.

[2] 白俊，邱善运，刘园园．央企董事会试点：治理规范影响国企创新吗？——来自国有上市公司的经验证据［J］．现代财经（天津财经大学学报），2019，39（7）：35-51.

[3] 蔡卫星，曾诚，胡志颖．企业集团、货币政策与现金持有［J］．金融研究，2015（2）：114-130.

[4] 蔡志岳，吴世农．董事会特征影响上市公司违规行为的实证研究［J］．南开管理评论，2007（6）：62-68；92.

[5] 曹越，邢丽媛．智能制造对企业现金持有水平的影响研究［J］．安徽大学学报（哲社版），2024，48（4）：142-152.

[6] 陈德球，李思飞，王丛．政府质量、终极产权与公司现金持有［J］．管理世界，2011，（11）：127-141.

[7] 陈睿，王治，段从清．独立董事“逆淘汰”效应研究——基于独立意见的经验证据［J］．中国工业经济，2015（8）：145-160.

[8] 陈运森，谢德仁．董事网络、独立董事治理与高管激励［J］．金融研究，2012（2）：168-182.

[9] 陈运森，郑登津. 董事网络关系、信息桥与投资趋同 [J]. 南开管理评论，2017，20（3）：159-171.

[10] 崔伟，陆正飞. 董事会规模、独立性与会计信息透明度——来自中国资本市场的经验证据 [J]. 南开管理评论，2008（2）：22-27.

[11] 戴亦一，陈冠霖，潘健平. 独立董事辞职、政治关系与公司治理缺陷 [J]. 会计研究，2014（11）：16-23；96.

[12] 邓晓飞，辛宇，滕飞. 官员独立董事强制辞职与政治关联丧失 [J]. 中国工业经济，2016（2）：130-145.

[13] 杜兴强，谭雪. 国际化董事会、分析师关注与现金股利分配 [J]. 金融研究，2017（8）：192-206.

[14] 高凤莲，王志强. 独立董事个人社会资本异质性的治理效应研究 [J]. 中国工业经济，2016（3）：146-160.

[15] 韩忠雪，周婷婷. 产品市场竞争、融资约束与公司现金持有：基于中国制造业上市公司的实证分析 [J]. 南开管理评论，2011，14（4）：149-160.

[16] 何威风，刘巍. 公司为什么选择法律背景的独立董事？[J]. 会计研究，2017（4）：45-51；95.

[17] 何贤杰，孙淑伟，朱红军，等. 证券背景独立董事、信息优势与券商持股 [J]. 管理世界，2014（3）：148-162；188.

[18] 胡国柳，刘宝劲，马庆仁. 上市公司股权结构与现金持有水平关系的实证分析 [J]. 财经理论与实践，2006（4）：39-44.

[19] 胡诗阳，陆正飞. 非执行董事对过度投资的抑制作用研究——来自中国A股上市公司的经验证据 [J]. 会计研究，2015（11）：41-48；96.

[20] 胡奕明，唐松莲. 独立董事与上市公司盈余信息质量 [J]. 管理世界，2008（9）：149-160.

[21] 胡乐明.政府与市场的"互融共荣"：经济发展的中国经验 [J] .马克思主义研究，2018（5）：63-71；159-160.

[22] 胡元木，刘佩，纪端. 技术独立董事能有效抑制真实盈余管理吗？——

基于可操控R&D费用视角 [J]. 会计研究，2016 (3)：29-35；95.
[23] 黄华，何威风，吴玉宇. 央企董事会试点与上市公司盈余管理行为 [J]. 会计研究，2020 (7)：90-103.
[24] 嵇尚洲. 双层董事会治理、独立性与专业性——基于央企董事会试点的经验证据 [J]. 上海对外经贸大学学报，2018，25 (4)：28-38.
[25] 吉瑞，陈震. 产品市场竞争与企业现金持有水平 [J]. 财经问题研究，2020 (9)：122-129.
[26] 江龙，刘笑松. 经济周期波动与上市公司现金持有行为研究 [J]. 会计研究，2011 (9)：40-46.
[27] 金智，宋顺林，阳雪. 女性董事在公司投资中的角色 [J]. 会计研究，2015 (5)：80-86；95.
[28] 李君平，徐龙炳. 资本市场错误定价、融资约束与公司融资方式选择 [J]. 金融研究，2015 (12)：113-129.
[29] 李文贵，余明桂，钟慧洁. 央企董事会试点、国有上市公司代理成本与企业绩效 [J]. 管理世界，2017 (8)：123-135；153.
[30] 李延喜，包世泽，高锐，等. 薪酬激励、董事会监管与上市公司盈余管理 [J]. 南开管理评论，2007 (6)：55-61.
[31] 李增泉，孙铮，王志伟. "掏空"与所有权安排——来自我国上市公司大股东资金占用的经验证据 [J]. 会计研究，2004 (12)：3-13；97.
[32] 梁上坤，陈冬，付彬，等. 独立董事网络中心度与会计稳健性 [J]. 会计研究，2018 (9)：39-46.
[33] 梁上坤，董青，孙淑伟. 利润上缴与企业现金持有 [J]. 会计研究，2022 (9)：127-139.
[34] 梁上坤，潘俊，白羽. EVA考核机制实施与公司现金持有——来自我国中央企业的经验证据 [J]. 管理评论，2019，31 (12)：233-249.
[35] 廖理，肖作平. 公司治理影响公司现金持有量吗——来自中国上市公司的经验证据 [J]. 中国工业经济，2009 (6)：98-107.
[36] 凌文. 央企控股上市公司九大热点问题研究 [J]. 管理世界，2012 (1)：

2-8.

［37］ 刘春，李善民，孙亮. 独立董事具有咨询功能吗？——异地独董在异地并购中功能的经验研究［J］. 管理世界，2015（3）：124-136；188.

［38］ 刘浩，唐松，楼俊. 独立董事：监督还是咨询？——银行背景独立董事对企业信贷融资影响研究［J］. 管理世界，2012（1）：141-156；169.

［39］ 陆贤伟，王建琼. 大股东联结下的公司现金持有行为［J］. 金融评论，2015，7（1）：64-77；125.

［40］ 陆正飞，韩非池. 宏观经济政策如何影响公司现金持有的经济效应？——基于产品市场和资本市场两重角度的研究［J］. 管理世界，2013（6）：43-60.

［41］ 罗宏，黄婉. 多个大股东并存对高管机会主义减持的影响研究［J］. 管理世界，2020，36（8）：163-178.

［42］ 罗进辉，黄泽悦，朱军. 独立董事地理距离对公司代理成本的影响［J］. 中国工业经济，2017（8）：100-119.

［43］ 马连福，冯慧群. 董事会资本对公司治理水平的影响效应研究［J］. 南开管理评论，2014，17（2）：46-55.

［44］ 马忠，王龙丰，杨侠. 子公司多元化、业务分布与现金持有——基于母子公司内部资本配置视角的分析［J］. 会计研究，2018（1）：75-81.

［45］ 毛新述，翟慧君，郑登津. 央企董事会建设与企业投资［J］. 会计研究，2022（2）：99-116.

［46］ 倪克金，刘修岩. 数字化转型与企业成长：理论逻辑与中国实践［J］. 经济管理，2021，43（12）：79-97.

［47］ 牛建波，李胜楠. 控股股东两权偏离、董事会行为与企业价值：基于中国民营上市公司面板数据的比较研究［J］. 南开管理评论，2007（2）：31-37.

［48］ 潘俊，余一品，周会洋. 国家审计影响国有企业现金持有吗？——基于中央企业控股上市公司的经验证据［J］. 会计与经济研究，2020，34（5）：28-40.

[49] 钱雪松，代禹斌，陈琳琳，等．担保物权制度改革、融资约束与企业现金持有——基于中国《物权法》自然实验的经验证据［J］．会计研究，2019（1）：72-78.

[50] 钱雪松，王帅，秦睿祺．信用信息共享降低了企业现金持有吗？——来自创建社会信用体系建设示范城市的经验证据［J］．经济评论，2024（4）：105-121.

[51] 覃家琦，邵新建，肖立晟.交叉上市、增长机会与股利政策——基于政府干预假说的检验［J］.金融研究，2016（11）：191-206.

[52] 秦帅，王晨曦，谭劲松．控股股东董事会改革与国有企业过度负债——央企集团建设规范董事会的证据［J］．财经论丛，2024（1）：59-67.

[53] 秦永法．央企试点：从董事会开始的变革［J］．董事会，2009（1）：50-53.

[54] 全怡，陈冬华．多席位独立董事的精力分配与治理效应——基于声誉与距离的角度［J］．会计研究，2016（12）：29-36；95.

[55] 饶品贵，张会丽．通货膨胀预期与企业现金持有行为［J］．金融研究，2015（1）：101-116.

[56] 苏灵，王永海，余明桂．董事的银行背景、企业特征与债务融资［J］．管理世界，2011（10）：176-177.

[57] 孙亮，刘春．公司为什么聘请异地独立董事？［J］．管理世界，2014（9）：131-142；188.

[58] 谭洪涛，陈瑶．集团内部权力配置与企业创新——基于权力细分的对比研究［J］．中国工业经济，2019（12）：134-151.

[59] 唐雪松，申慧，杜军．独立董事监督中的动机——基于独立意见的经验证据［J］．管理世界，2010（9）：138-149.

[60] 万良勇，郑小玲．董事网络的结构洞特征与公司并购［J］．会计研究，2014（5）：67-72；95.

[61] 汪琼，李栋栋，王克敏．营商“硬环境”与公司现金持有：基于市场竞争和投资机会的研究［J］．会计研究，2020（4）：88-99.

[62] 王福胜，宋海旭．终极控制人、多元化战略与现金持有水平［J］．管理世界，2012（7）：124-136；169.

[63] 王红建，李青原，邢斐．经济政策不确定性、现金持有水平及其市场价值［J］．金融研究，2014（9）：53-68.

[64] 王彦超，王语嫣．债权人诉讼是如何影响企业现金持有行为的？［J］．会计研究，2018（7）：35-42.

[65] 魏刚，肖泽忠，TRAVLOS N，等．独立董事背景与公司经营绩效［J］．经济研究，2007（3）：92-105；156.

[66] 魏志华，曾爱民，李博．金融生态环境与企业融资约束——基于中国上市公司的实证研究［J］．会计研究，2014（5）：73-80；95.

[67] 肖明，吴慧香．宏观经济环境、控股股东性质与上市公司现金持有价值［J］．中央财经大学学报，2013（5）：85-89.

[68] 肖土盛，孙瑞琦．国有资本投资运营公司改革试点效果评估——基于企业绩效的视角［J］．经济管理，2021，43（8）：5-22.

[69] 谢德仁，陈运森．董事网络：定义、特征和计量［J］．会计研究，2012（3）：44-51；95.

[70] 辛宇，徐莉萍．公司治理机制与超额现金持有水平［J］．管理世界，2006（5）：136-141.

[71] 熊锦秋．央企董事会试点的挑战［J］．董事会，2015（1）：19-20.

[72] 徐炜．中央企业董事会建设研究［J］．经济管理，2011，33（11）：44-53.

[73] 许强，王利琴，茅旭栋．CEO—董事会关系如何影响企业研发投入？［J］．外国经济与管理，2019，41（4）：126-138.

[74] 杨清香，俞麟，陈娜．董事会特征与财务舞弊——来自中国上市公司的经验证据［J］．会计研究，2009（7）：64-70；96.

[75] 杨兴全，齐云飞，吴昊旻．行业成长性影响公司现金持有吗？［J］．管理世界，2016（1）：153-169.

[76] 杨兴全，孙杰．企业现金持有量影响因素的实证研究——来自我国上市

公司的经验证据［J］. 南开管理评论，2007（6）：47-54.
［77］ 杨兴全，尹兴强. 国企混改如何影响公司现金持有？［J］. 管理世界，2018，34（11）：93-107.
［78］ 杨兴全，张照南. 制度背景、股权性质与公司持有现金价值［J］. 经济研究，2008，43（12）：111-123.
［79］ 姚宏，贾娓，郝小玉，等. 产品市场竞争、董事会结构变化与盈余管理［J］. 管理评论，2018，30（4）：194-205.
［80］ 叶康涛，祝继高，陆正飞，等. 独立董事的独立性：基于董事会投票的证据［J］. 经济研究，2011，46（1）：126-139.
［81］ 叶青，赵良玉，刘思辰. 独立董事"政商旋转门"之考察：一项基于自然实验的研究［J］. 经济研究，2016，51（6）：98-113.
［82］ 叶松勤，徐经长. 管理防御与公司现金持有价值［J］. 山西财经大学学报，2013，35（1）：61-72.
［83］ 于瑶，祁怀锦. 集团公司董事会建设与央企全要素生产率——一项准自然实验［J］. 经济管理，2021，43（10）：24-41.
［84］ 余峰燕，郝项超. 具有行政背景的独立董事影响公司财务信息质量么？——基于国有控股上市公司的实证分析［J］. 南开经济研究，2011（1）：120-131.
［85］ 余明桂，李文贵，潘红波. 管理者过度自信与企业风险承担［J］. 金融研究，2013（1）：149-163.
［86］ 张俊生，曾亚敏. 独立董事辞职行为的信息含量［J］. 金融研究，2010（8）：155-170.
［87］ 张维迎. 企业理论与中国企业改革［M］. 上海：上海人民出版社，1999.
［88］ 郑国坚，蔡贵龙，卢昕."深康佳"中小股东维权："庶民的胜利"抑或"百日维新"？——一个中小股东参与治理的分析框架［J］. 管理世界，2016（12）：145-158；188.
［89］ 郑志刚，李俊强，黄继承，等. 独立董事否定意见发表与换届未连任

[J]. 金融研究，2016（12）：159-174.

[90] 郑志刚，吕秀华. 董事会独立性的交互效应和中国资本市场独立董事制度政策效果的评估 [J]. 管理世界，2009（7）：133-144；188.

[91] 周建，罗肖依，张双鹏. 独立董事个体有效监督的形成机理——面向董事会监督有效性的理论构建 [J]. 中国工业经济，2016（5）：109-126.

[92] 周美华，李睿宁，曹健，等. CEO冒险精神与现金持有 [J]. 会计研究，2024（3）：109-123.

[93] 祝继高，陆峣，岳衡. 银行关联董事能有效发挥监督职能吗？——基于产业政策的分析视角 [J]. 管理世界，2015（7）：143-157；188.

[94] 祝继高，陆正飞. 货币政策、企业成长与现金持有水平变化 [J]. 管理世界，2009（3）：152-158；188.

[95] 祝继高，叶康涛，陆正飞. 谁是更积极的监督者：非控股股东董事还是独立董事？[J]. 经济研究，2015，50（9）：170-184.

[96] ADAMS R B，FERREIRA D. A theory of friendly boards [J]. *Journal of Finance*，2007，62（1）：217-250.

[97] ADAMS R B，FERREIRA D. Women in the boardroom and their impact on governance and performance [J]. *Journal of Financial Eeconomics*，2009，94（2）：291-309.

[98] ADAMS R B，MEHRAN H. Corporate performance，board structure，and their determinants in the banking industry [J]. *FRB of New York Staff Report*，2008：330.

[99] AKERLOF G A. The market for lemons：Quality uncertainty and the market mechanism [J]. *The Quarterly Journal of Economics*，1970，84（3）：488-500.

[100] ALMRIDA H，CAMPELLO M，WEISBACH M S. The cash flow sensitivity of cash [J]. *The Journal of Finance*，2004，59（4）：1777-1804.

[101] AMESS K，BANERJI S，LAMPOUSIS A. Corporate cash holdings：Causes and consequences [J]. *International Review of Financial Analysis*，2015，42：421-433.

[102] ANDERSON R C, REEB D.M.Board composition: balancing family influence in S&P 500 firms [J]. *Administrative Science Quarterly*, 2004, 49 (2): 209-237.

[103] BATES T W, KAHLE K M, STULZ R M.Why do US firms hold so much more cash than they used to? [J]. *The Journal of Finance*, 2009, 64 (5): 1985-2021.

[104] BAUMOL W. The Transactions Demand For Cash: An inventory theoretic approach [J]. *The Quarterly Journal of Economics*, 1952, 66 (4): 545-556.

[105] BEASLEY M S. An empirical analysis of the relation between the board of director composition and financial statement fraud [J]. *The Accounting Review*, 1996, 71 (4): 443-465.

[106] BECK T, LEVINE R, LEVKOV A.Big bad banks? The winners and losers from bank deregulation in the United States [J]. *The Journal of Finance*, 2010, 65 (5): 1637-1667.

[107] BIZJAK J, LEMMON M, WHITBY R.Option backdating and board interlocks [J]. *The Review of Financial Studies*, 2009, 22 (11): 4821-4847.

[108] BLANCHARD O J, LOPEZ-DE-SILANES F, SHLEIFER A.What do firms do with cash windfalls? [J]. *Journal of Financial Economics*, 1994, 36 (3): 337-360.

[109] BOONE A L, FIELD L C, KARPOFF J M, et al. The determinants of corporate board size and composition: An empirical analysis [J]. *Journal of Financial Economics*, 2007, 85 (1): 66-101.

[110] BOUWMAN C H S. Corporate governance propagation through overlapping directors [J]. *The Review of Financial Studies*, 2011, 24 (7): 2358-2394.

[111] BRICK I E, CHIDAMBARAN N K. Board meetings, committee structure, and firm value [J]. *Journal of Corporate Finance*, 2010, 16 (4): 533-553.

[112] CAI Y, SECILIR M.Board connections and M&A transactions [J]. *Journal of Financial Economics*, 2012, 103 (2): 327-349.

[113] CAMPBELL K, MÍNGUEZ-VERA A.Gender diversity in the boardroom and firm financial performance [J]. *Journal of Business Ethics*, 2008, 83: 435-451.

[114] CARCELLO J V, NEAL T L. Audit committee composition and auditor reporting [J]. *The Accounting Review*, 2000, 75 (4): 453-467.

[115] CARTER D A, SIMKINS B J, SIMPSON W G.Corporate governance, board diversity, and firm value [J]. *Financial Review*, 2003, 38 (1): 33-53.

[116] CHAN K C, CHEN N F. Structural and return characteristics of small and large firms [J]. *The Journal of Finance*, 1991, 46 (4): 1467-1484.

[117] CHEN N, MAHAJAN A. Effects of macroeconomic conditions on corporate liquidity—international evidence [J]. *International Research Journal of Finance and Economics*, 2010, 35 (35): 112-129.

[118] chen S., sun Z., Tang S. et al.D.H., Government intervention and investment efficiency: Evidence from China [J]. *Journal of Corporate Finance*, 2011, 17 (2): 259-271.

[119] CHENG S. Board size and the variability of corporate performance [J]. *Journal of Financial Economics*, 2008, 87 (1): 157-176.

[120] COATES J C.The goals and promise of the Sarbanes-Oxley Act [J]. *Journal of Economic Perspectives*, 2007, 21 (1): 91-116.

[121] COLES J L, DANIEL N D, NAVEEN L. Boards: Does one size fit all? [J]. *Journal of Financial Economics*, 2008, 87 (2): 329-356.

[122] CONGER J A, FINEGOLD D, LAWLER E E. Appraising boardroom performance [J]. *Harvard Business Review*, 1998 (76): 136-164.

[123] COTE J, GILLIS L, GRIFFIN P. The role of independent directors in corporate acquisitions: Evidence from US Mergers [J]. *Journal of Corporate Finance*, 1997, 4 (3): 179-200.

[124] DAILY C M, DALTON D R. Bankruptcy and corporate governance: The impact of board composition and structure [J]. *Academy of Management Proceedings*, 1994 (1): 1-5.

[125] DAVIS J H, SCHOORMAN F D, DONALDSON L. Toward a stewardship theory of management [J]. *Academy of Management Review*, 1991, 22 (1): 20-47.

[126] DEFOND M L, HANN R N, HU X.Does the market value financial expertise on audit committees of boards of directors? [J]. *Journal of Accounting Research*, 2005, 43 (2): 153-193.

[127] DEMIR E, ERSAN O. Economic policy uncertainty and cash holdings: Evidence from BRIC countries [J]. *Emerging Markets Review*, 2017 (33): 189-200.

[128] DEWALLY M, PECK S W. Upheaval in the boardroom: Outside director public resignations, motivations, and consequences [J]. *Journal of Corporate Finance*, 2010, 16 (1): 38-52.

[129] DHALIWAL D S, NAIKER V, NAVISSI F.The association between accruals quality and the characteristics of accounting experts and mix of expertise on audit committees [J]. *Contemporary Accounting Research*, 2010, 27 (3): 787-827.

[130] DITTMAR A, MAHRT-SMITH J.Corporate governance and the value of cash holdings [J]. *Journal of Financial Economics*, 2007, 83 (3): 599-634.

[131] DITTMAR A, MAHRT-SMITH J, SERVAES H. International corporate governance and corporate cash holdings [J]. *Journal of Financial and Quantitative Analysis*, 2003, 38 (1): 111-133.

[132] DONALDSON L, DAVIS J H. Stewardship theory or agency theory: CEO governance and shareholder returns [J]. *Australian Journal of Management*, 1997, 16 (1): 49-64.

[133] EISENBERG T, SUNDGREN S, WELLS M T. Larger board size and

decreasing firm value in small firms [J]. *Journal of Financial Economics*, 1998, 48 (1): 35-54.

[134] ELYASIANI E, ZHANG L. Bank holding company performance, risk, and "busy" board of directors [J]. *Journal of Banking & Finance*, 2015, 60 (11): 239-251.

[135] ERKENS D H, HUNG M, MATOS P. Corporate governance in the 2007-2008 financial crisis: Evidence from financial institutions worldwide [J]. *Journal of Corporate Finance*, 2014, 18 (2): 389-411.

[136] FACCIO M. Politically connected firms [J]. *The American Economic Review*, 2006 (96): 369-386.

[137] FACCIO M, MARCHICA M T, MURA R. Large shareholder diversification and corporate risk-taking [J]. *The Review of Financial Studies*, 2011, 24 (11): 3601-3641.

[138] FAMA E F, FRENCH K R. Taxes, financing decisions and firm value [J]. *The Journal of Finance*, 1998, 53 (3): 819-843.

[139] FAMA E F, FRENCH K R. Disappearing dividends: Changing firm characteristics or lower propensity to pay? [J]. *Journal of Financial Economics*, 2001, 60 (1): 3-43.

[140] FAMA E F, JENSEN M C. Separation of ownership and control [J]. *The Journal of Law and Economics*, 1983, 26 (2): 301-325.

[141] FAULKENDER M, WANG R. Corporate financial policy and the value of cash [J]. *The Journal of Finance*, 2006, 61 (4): 1957-1990.

[142] FAUVER L, HUNG M, LI X, et al. Board reforms and firm value: Worldwide evidence [J]. *Journal of Financial Economics*, 2017, 125 (1): 120-142.

[143] FERREIRA M A, VILELA A S. Why do firms hold cash? Evidence from EMU countries [J]. *European Financial Management*, 2004, 10 (2): 295-319.

[144] FICH E M, SHIVDASANI A.Are busy boards effective monitors? [J]. *The Journal of Finance*, 2006, 61 (2): 689–724.

[145] FIELD L, LOWRY M, MKRTCHYAN A. Are busy boards detrimental? [J]. *Journal of Financial Economics*, 2013, 109 (1): 63–82.

[146] FIRTH M, MO P, WONG R K.Auditors' organizational form, legal liability, and reporting conservatism: Evidence from China [J]. *Contemporary Accounting Research*, 2011, 29 (1): 57–93.

[147] FOLEY C F, HARTZELL J C, TITMAN S, et al.Why do firms hold so much cash? A tax–based explanation [J]. *Journal of Financial Economics*, 2007, 86 (3): 579–607.

[148] FRANCIS B, HASAN I, PARK J C.Gender differences in financial reporting decision making: Evidence from accounting conservatism [J]. *Contemporary Accounting Research*, 2015, 32 (3): 1285–1318.

[149] GAO H, HARFORD J, LI K.Determinants of corporate cash policy: Insights from private firms [J]. *Journal of Financial Economics*, 2013, 109 (3): 623–639.

[150] GOODSTEIN J, GAUTAM K, BOERKE W.The effects of board size and diversity on strategic change [J]. *Strategic Management Journal*, 1994, 15 (3): 241–250.

[151] HAFORD J, MANSI S A, MAXWELL W F.Corporate governance and firm cash holdings in the US [J]. *Journal of Financial Economics*, 2008, 87 (3): 535–555.

[152] HALL B H, LERNER J. The financing of R&D and innovation [J]. *Handbook of the Economics of Innovation*, 2010, 1: 609–639.

[153] HANLON M, MAYDEW E L, SAAVEDRA D.The taxman cometh: Does tax uncertainty affect corporate cash holdings? [J]. *Review of Accounting Studies*, 2017, 22: 1198–1228.

[154] HARFORD J, KLASA S, MAXWELL W F. Refinancing risk and cash

holdings [J]. *The Journal of Finance*, 2014, 69 (3): 975-1012.

[155] HARRIS M, RAVIV A. The Theory of Capital Structure [J]. *Journal of Finance*, 1991, 46 (1): 297-355.

[156] HAUSHALTER D, KLASA S, MAXWELL W F. The influence of product market dynamics on a firm′s cash holdings and hedging behavior [J]. *Journal of financial Economics*, 2007, 84 (3): 797-825.

[157] HELMERS C, PATNAM M, RAU P R. Do board interlocks increase innovation? Evidence from a corporate governance reform in India [J]. *Journal of Banking and Finance*, 2017, 80: 51-70.

[158] HERMALIN B E, WEISBACH M S. The effects of board composition and direct incentives on firm performance [J]. *Financial Management*, 1991, 20 (4), 101-112.

[159] HILLMAN A J, DALZIEL T. Boards of directors and firm performance: Integrating agency and resource dependence perspectives [J]. *Academy of Management Review*, 2003, 28 (03): 383-396.

[160] HOFSTEDE G. Culture's consequences: International differences in work-related values [M]. *Beverly Hills, CA: Sage Publications*, 1980.

[161] HOSKISSON R E, CASTLETON M W, WITHERS M C. Complementarity in monitoring and bonding: More intense monitoring leads to higher executive compensation [J]. *Academy of Management Perspectives*, 2009, 23 (2): 57-74.

[162] HUANG Y, ELKINAWY S, JAIN P K. Investor protection and cash holdings: Evidence from US cross-listing [J]. *Journal of Banking and Finance*, 2013, 37 (3): 937-951.

[163] HUBBARD T L. Target size and displacement along the axis of implied gravitational attraction: Effects of implied weight and evidence of representational gravity [J]. *Journal of Experimental Psychology: Learning, Memory, and Cognition*, 1997, 23 (6), 1484-1493.

[164] ILIEV P, ROTH L. Learning from directors' foreign board experiences [J]. *Journal of Corporate Finance*, 2018, 51 (4): 1-19.

[165] JENSEN M C. Agency costs of free cash flow, corporate finance, and takeovers [J]. *The American Economic Review*, 1986, 76 (2): 323-329.

[166] JENSEN M C. The modern industrial revolution, exit, and the failure of internal control systems [J]. *Journal of Finance*, 1993, 48 (3): 831-880.

[167] JENSEN M C, MECKLING W H. Theory of the Firm: Managerial behavior, agency costs, and ownership structure [J]. *Journal of Financial Economics*, 1976, 3 (4): 305-360.

[168] JESEN M C, MURPHY K J. Performance pay and top-management incentives [J]. *Journal of Political Economy*, 1990, 98 (2): 225-264.

[169] JIANG W, WAN H, ZHAO S. Reputation concerns of independent directors: Evidence from individual director voting [J]. *The Review of Financial Studies*, 2016, 29 (3): 655-696.

[170] KALCHEVA I, LINS K V. International evidence on cash holdings and expected managerial agency problems [J]. *The Review of Financial Studies*, 2007, 20 (4): 1087-1112.

[171] KANG H C, ANDERSON R M, EOM K S, et al. Controlling shareholders' value, long-run firm value and short-term performance [J]. *Journal of Corporate Finance*, 2017, 43 (4): 340-353.

[172] KANG J K, LIU W L, LOW A, et al. Friendly boards and innovation [J]. *Journal of Empirical Finance*, 2018, 45: 1-25.

[173] KAPLAN S N, ZINGALES L. Do investment-cash flow sensitivities provide useful measures of financing constraints? [J]. *The Quarterly Journal of Economics*, 1997, 112 (1): 169-215.

[174] KEYNES J M, The General Theory of Employment, Interest and Money [M]. London: Macmillan, 1936.

[175] KIM K, LU S. CEO ownership, external governance, and risk-taking [J].

Journal of Financial Economics, 2011, 102 (2): 272-292.

[176] KOR Y Y. Direct and interaction effects of top management team and board compositions on R&D investment strategy [J]. *Strategic Management Journal*, 2006, 27 (11): 1081-1099.

[177] KRAUS A, LITZENBERGER R H. A state-preference model of optimal financial leverage [J]. *Journal of Finance*, 1973, 28 (4): 911-922.

[178] KROSZNER R S, STRAHAN P E. Bankers on boards: Monitoring, conflicts of interest, and lender liability [J]. *Journal of Financial Economics*, 2001, (62): 415-452.

[179] KUSNADI Y, WEI K C. The effects of political connections on the level and value of cash holdings: International evidence [J]. *Political Science, Business, Economics*, 2011,

[180] LA PORTA R, LOPEZ-DE-SILANES F, SHLEIFER A, et al. Agency problems and dividend policies around the world [J]. *The Journal of Finance*, 2000, 55 (1): 1-33.

[181] LEHN K, PATRO S, ZHAO M. Determinants of the size and composition of corporate boards: 1935-2000 [J]. *Financial Management*, 2009, 38 (4): 747-780.

[182] LI H, MENG L, WANG Q, et al. Political connections, financing and firm performance: Evidence from Chinese private firms [J]. *Journal of Development Economics*, 2008, 87 (2): 283-299.

[183] LINCK J S, NETTER J M, YANG T. The effects and unintended consequences of the sarbanes-oxley act on corporate boards [J]. *The Review of Financial Studies*, 2009, 22 (8): 3287-3328.

[184] LIPTON M, LORSCH J W. A modest proposal for improved corporate governance [J]. *Business Lawyer*, 1992, 48 (1): 59-77.

[185] LU J. The performance of performance-based contracting in human services: A quasi-experiment [J]. *Journal of Public Administration Research and*

Theory, 2015, 26 (2): 277–293.

[186] MAK Y T, KUSNADI Y.Size really matters: Further evidence on the negative relationship between board size and firm value [J]. *Pacific–Basin Finance Journal*, 2005, 13 (3): 301–318.

[187] MAK Y T, LI Y. Determinants of corporate ownership and board structure: Evidence from Singapore [J]. *Journal of Corporate Finance*, 2001, 7 (3): 235–256.

[188] MASULIS R W, MOBBS S. Independent director incentives: Where do talented directors spend their limited time and energy? [J]. *Journal of Financial Economics*, 2014, 111 (2): 406–429.

[189] MASULIS R W, WANG C, XIE F.Globalizing the boardroom—The effects of foreign directors on corporate governance and firm performance [J]. *Journal of Accounting and Economics*, 2012, 53 (3): 527–554.

[190] MEHRAN H. Executive compensation structure, ownership, and firm performance [J]. *Journal of Financial Economics*, 1995, 38 (2): 163–184.

[191] MILLER M H, ORR D. A model of the demand for money by firms [J]. *Quarterly Journal of Economics*, 1966, 80 (3): 413–435.

[192] MUTH M M, DONALDSON L. Stewardship theory and board structure: A contingency approach [J]. *Corporate Governance: An International Review*, 1998, 6 (1): 5–28

[193] MYERS S C, MAJLUF N S. Corporate financing and investment decisions when firms have information that investors do not have [J]. *Journal of Financial Economics*, 1984, 13 (2): 187–221.

[194] OPLER T, PINKOWITZ L, STULZ R.The determinants and implications of corporate cash holdings [J]. *Journal of Financial Economics*, 1999, 52 (1): 3–46.

[195] OXELHEIM L, GREGORIČ A, RANDØY T, et al.On the internationalization

of corporate boards: The case of Nordic firms [J]. *Journal of International Business Studies*, 2013 (44): 173–194.

[196] OZKAN A, OZKAN N.Corporate cash holdings: An empirical investigation of UK companies [J]. *Journal of Banking & Finance*, 2004 (28): 2103–2134.

[197] PEARCE J A, ZAHRA S A.Board composition from a strategic contingency perspective [J]. *Academy of Management Journal*, 1992, 35 (2): 408–431.

[198] PEASNELL K V, POPE P F, YOUNG S. Board monitoring and earnings management: Do outside directors influence abnormal accruals? [J]. *Journal of Business Finance & Accounting*, 2005, 32 (7): 1311–1346.

[199] PFEFFER J, SALANCIK G R. The external control of organizations: A resource dependence perspective [J]. *Social Science Electronic Publishing*, 1978, 23 (2): 123–133.

[200] PHAN H V, NGUYEN N H, NGUYEN H T, et al.Policy uncertainty and firm cash holdings [J]. *Journal of Business Research*, 2019, 95 (2): 71–82.

[201] PINKOWITZ L, STULZ R, WILLIAMSON R. Does the contribution of corporate cash holdings and dividends to firm value depend on governance? A cross-country analysis [J]. *The Journal of Finance*, 2006, 61 (6): 2725–2751.

[202] QIU J, WAN C. Technology spillovers and corporate cash holdings [J]. *Journal of Financial Economics*, 2015, 115 (3): 558–573.

[203] RAMIREZ C D.Did JP Morgan's men add liquidity? Corporate investment, cash flow, and financial structure at the turn of the twentieth century [J]. *The Journal of Finance*, 1995, 50 (2): 661–678.

[204] RAO K, TILT C.Board composition and corporate social responsibility: The role of diversity, gender, strategy and decision making [J]. *Journal of*

business ethics, 2016 (138): 327-347.

[205] ROSENSTEIN S, WYATT J G.Outside directors, board independence, and shareholder wealth [J]. *Journal of Financial Economics*, 1990, 26 (2): 175-191.

[206] ROSS S A.The economic theory of agency: The principal's problem [J]. *The American Economic Review*, 1973, 63 (2): 134-139.

[207] SANDERS W M, CARPENTER M A. Internationalization and firm governance: The roles of ceo compensation, top team composition, and board structure [J]. *Academy of Management Journal*, 1998, 41 (2): 158-178.

[208] SCHWARTZ-ZIV M, WEISBACH M S.What do boards really do? Evidence from minutes of board meetings [J]. *Journal of Financial Economics*, 2013, 108 (2): 349-366.

[209] SHIVDASANI A, YERMACK D. CEO involvement in the selection of new board members: An empirical analysis [J]. *The Journal of Finance*, 1999, 54 (5): 1829-1853.

[210] SHLEIFER A, VISHNY R W.A survey of corporate governance [J]. *Journal of Finance*, 1997, 52 (2): 737-783.

[211] THAKUR B P S, KANNADHASAN M. Corruption and cash holdings: Evidence from emerging market economies [J]. *Emerging Markets Review*, 2019 (38): 1-17.

[212] XU L C, WANG Y.Ownership structure and corporate governance in Chinese firms [J]. *China Economic Review*, 1999, 10 (1): 75-98.

[213] YERMACK D. Higher market valuation of companies with a small board of directors [J]. *Journal of Financial Economics*, 1996, 40 (2): 185-211.

[214] ZAHRA S A, PEARCE J A. Boards of directors and corporate financial performance: A review and integrative model [J]. *Journal of Management*, 1989, 15 (2): 291-334.

关键词索引